Tamsui
Jinshan
Jilong
Tamsui
TAIPEI
Toucheng
Schildkröteninsel
Yilan
Dahan
Lanyang
Xueshan
Xueshan
(3886 m)
Taichung
Hualien
Alishan
Yushan
(3952 m)
Yushan
Beinan
Dulan
Taidong
Lüdao
Philippinensee
Lanyu
gchun
Kenting
Eluanbi
0
20
40
60
80
100 km

Alice Grünfelder

Wolken über Taiwan

Wie soll man über ein Land schreiben, das es offiziell nicht gibt? Das keinem Vergleich standhält und immer wieder von neuem überrascht? Taiwan, die kleine Insel und Chipgroßmacht vor der südchinesischen Küste, hat in den letzten Jahrzehnten eine enorme gesellschaftliche Wandlung durchlaufen. Bürgerrechtsbewegungen ist es zu verdanken, dass der Übergang von einer Jahrzehnte andauernden Militärdiktatur zu einer der offensten und lebendigsten Demokratien Asiens so friedlich verlaufen ist.

Sechs Monate verbrachte die Sinologin und Schriftstellerin Alice Grünfelder 2020 auf Taiwan. Gesehenem, Gehörtem ist sie nachgegangen, hat über ihre Beobachtungen mit Taiwanerinnen gesprochen, hat versucht zu recherchieren, was sie nicht verstand. Herausgekommen ist eine Collage leichter, prägnanter Texte, jeweils überschrieben mit einem Stichwort; sie sind alphabetisch geordnet, reichen von »Abschied« bis »Zeichen«. Ob es um Wolken und Wasser geht, Müllabfuhr und Demonstrationen, Tempel und Götter, Brücken, Flüsse und Meere – jede Betrachtung beleuchtet eine Facette dieser fragilen Insel entlang der Bruchlinien des Alltags.

Alice Grünfelder

Wolken über Taiwan

Notizen aus einem bedrohten Land

Rotpunktverlag

»Linien«, »Qu Yuan« und »Shilin« wurden als »Postkarten aus Taiwan« 2020 auf der Website literaturblatt.ch veröffentlicht. »Obdachlose« erschien im Juli 2020 in gekürzter Form in der Zeitschrift *surprise* unter dem Titel »Im Verborgenen. Soziale Stadtrundgänge in Taibei«, »Tee« 2021 auf der Website »Annes Topfgeflüster« und »Zeichen« im November 2020 in kürzerer Form in der Zeitschrift *Wespennest* unter dem Titel »Chinesisch (Wieder-)Erlernen«. Alle Texte wurden für dieses Buch bearbeitet.

Der Rotpunktverlag wird vom Bundesamt für Kultur mit einem Strukturbeitrag für die Jahre 2021–2024 unterstützt.

www.rotpunktverlag.ch

Umschlag: Jilong 2017, Foto von Sean Pavone / Alamy Stock Foto

Korrektorat: Jürg Fischer

Gestaltung und Karten: Patrizia Grab

Druck und Bindung: Friedrich Pustet, Regensburg

ISBN 978-3-85869-943-5

1. Auflage 2022

Dieser Titel ist auch als E-Book erhältlich.

Inhalt

S wie

T wie

U wie

V wie

W wie

X wie

Y wie

Z wie

Anhang

Abschied

Wie verabschiedet man sich von einem Land, das es nicht gibt? Zumindest nicht offiziell? Das Auswärtige Amt Deutschlands hisste eine Zeit lang auf seiner Website da, wo einst die taiwanische Nationalflagge hing, die weiße Fahne; andere Länderregierungen und internationale Institutionen winden sich so lange um eine Benennung, dass niemand sich darunter etwas vorstellen kann – Provinz China, Taipei und seine Umgebung (WHO) oder wie die diplomatischen Fantasienamen lauten. In den allermeisten Fällen wird Taiwan noch nicht einmal als eigenes Land gelistet. Fluglinien und Hotelketten werden von der Regierung in Peking abgemahnt, wenn sie Taiwan als eigenständige Destination ausweisen. Einer Bekannten war 2018 sowohl vom Straßenverkehrsamt in Zürich als auch von ihrer Versicherung die Nationalität aberkannt worden, weil von der Regierung in Peking offenbar ein Schreiben an sämtliche Länder gegangen war, wonach Taiwan als eigenständiges Land zu löschen und durch China zu ersetzen sei – Taiwan war kurzzeitig nicht mehr im System zu finden, der Angestellte ratlos.

Taiwan ist isoliert, im Notfall ist es allein auf sich gestellt. Was macht das mit den Menschen, war eine der Fragen, die ich mir stellte, bevor ich 2020 für sechs Monate nach Taiwan reiste. Verharren sie in Angst, erstarrt wie das Kaninchen vor der Schlange? Sind sie in permanenter Unruhe? Oder lehrt sie der seit Generationen antrainierte Pragmatismus, das Leben zu nehmen, wie es ist? Nichts scheint ihnen wertvoller als Sicherheit und Stabilität, erst recht in einem Land, wo der Boden beständig bebt und Gefahr vom Himmel droht. Das ist womöglich die einzige Konstante im Leben der Taiwaner: Sich mit den Unwägbarkeiten so gut es eben geht zu arrangieren, scheint wie eingebrannt in ihr Wesen. Es ist eben so, unabänderlich, sinnlos, sich deshalb allzu sehr zu grämen.

Ist es so, fragte ich mich? Oder ist es anders?

Meine letzte Woche in Taiwan ist angebrochen. Und kalt erwischt mich die Frage: Also hast du nun sechs Monate lang Urlaub gemacht? Nein, schon nicht, aber was dann? Es gab keinen Tag, an dem ich nicht am Schreibtisch saß. Und? Hast du geschrieben? Bist du vorangekommen? – Ja, nein, besser als ich dachte, aber eigentlich nicht, oder vielleicht? Die ersten beiden Monate ließ mir ein Intensivkurs Chinesisch keine Zeit, an irgendetwas anderes zu denken. Danach übersetzte ich Gedichte von taiwanischen Lyrikerinnen, las wissenschaftliche Texte über Chinas Situation während des Ersten Weltkriegs und paraphrasierte zwei chinesische Tagebücher aus dieser Zeit, schrieb an einem Roman.

Ich unterhielt mich ausführlich mit den Menschen, vor allem Frauen, über Taiwan, ging durch Straßen, entdeckte bei jeder U-Bahn-Station eine andere Welt. Bis zum letzten Tag staune ich darüber: Auch wenn ich nicht schreibe, bin ich ein Notizbuch. So sagte es einmal der Aargauer Lyriker Klaus Merz.

Ich muss Abschied nehmen von Jiantan und dem Hügel gleich hinter meiner U-Bahn-Station, auf den ich gerne viel öfter gestiegen wäre, weil die verwunschenen Plätze, ausrangierten Fitnessgeräte in verlassenen Tempeln, auf den Boden gemalten Badmintonfelder unter tropisch wucherndem Palmengewächs und eine sich ständig wandelnde Aussicht auf die Stadt mich ver-rückt haben. Ich schreibe »wäre«, weil ich nur zweimal dort oben gewesen bin. Beide Male attackierten mich die Moskitos auf unerträgliche Weise, und beim zweiten Mal griff mich ein wilder

Hund an, obwohl es, so meine Sprachlehrerin, in Taipei doch gar keine wilden Hunde gebe.

Jiantan (»Schwertsee«), meine U-Bahn-Station, Shilin (»Gelehrtenviertel«) und die Straße Hefeng (»moderater Reichtum«), in der ich wohne, sind wie ein Dorf in der Stadt. Manchmal, wenn ich morgens beim Frühstück saß mit dem Blick hinaus in ein undefinierbares Licht, sang eine Frauenstimme. Es war stets dieselbe Melodie. Ich verstand nicht, was sie sang. Aber ihre Stimme, das Lied schien endlos zu sein, unerschöpflich das Liebesleid, die Sehnsucht nach einem fernen Glück; im Hintergrund setzte eine Flöte leise Tupfen. Und darüber legten sich die Bilder aus Chengdu von vor mehr als zwanzig Jahren, wo ich als Studentin für zwei Jahre lebte, die Geräusche von damals, wenn der Fahrradmechaniker vorm Haus auf das Blech klopfte.

Ein kleiner Tempel hier im Park ist mein liebster Ort. Ich holte mir einen Kaffee in einem Supermarkt, in dessen Hintergrund nicht etwa ausgeleierte Schlager, wie ich es aus Deutschland und der Schweiz kenne, sondern Free Jazz lief, sodass ich allein schon deswegen immer nur dort einkaufte. Setzte mich mit dem Kaffee in den Park neben den Tempel und sah den alten Männern beim Schachspiel zu. Hörte Stimmen, die mal lauter, mal leiser wurden, verstummten, Schritte vorüberschlurfen, Wortfetzen und Kinderjauchzen, Motorroller und leise buddhistische Litaneien aus dem Lautsprecher.

Da, wo ich wohne und jetzt diese Zeilen schreibe, gibt es um die Ecke einen 10 000 Jahre alten Tempel. 10 000, *wàn*, ist eine runde Zahl, die alles und nichts bedeuten kann, niemals aber wörtlich zu nehmen ist, lediglich eine lange Zeitspanne meint. Der kleine Tempel ist dem Erdgott gewidmet, in dem für die Vorfahren und die Nachkommen gebetet wird. Weil hier einmal viele Menschenknochen gefunden wurden, hat man darüber den Tempel errichtet. Etwas weiter in derselben Straße steht ein Tiertempel, den ich für mich so nenne, weil dort Tiere in viel zu kleine Käfige gesperrt sind. Unten am Ufer des Flusses, zu Fuß nur fünf Minuten entfernt, ist der Flussgotttempel, dessen Hydraulik das kleine Gebäude bei einem Taifun mit Hochwasser in die Höhe hievt.

Habe ich in den ersten Wochen gern zum Frühstück gedämpfte Teigtäschchen gegessen oder frittierte Teigstangen in Sojamilch getunkt, so ist es dafür schon seit Wochen zu heiß. Statt warmer Nudeln gibt es nun kalte. Der Tofuladen mit seinem Grünbohnentofu füllt einen Becher nach dem anderen, zum Schluss kommen noch ein paar Eisklümpchen oben drauf. Nur wenn es regne, laufe das Geschäft schlecht, sagt der stämmige Verkäufer. Nicht einmal Corona habe seinem Laden geschadet. Tatsächlich waren im Februar, als ich hierher zog, viel mehr Geschäfte geschlossen, im März und April noch mehr, bis dann im Mai plötzlich Türen aufgingen, die ich all die Wochen zuvor nicht einmal bemerkt hatte, weil sowieso alle Türen mit Motorrollern und sonstigen Fahrzeugen zugestellt sind. Zum Beispiel das Recreation Center, geschmackvoll eingerichtet mit Bücherregalen, bequemen Sofas, einfach so, um sich zwischendurch auszuruhen, finanziert von der Stadt. Oder die Nachbarschaftshilfe, die in Quarantänezeiten dafür zuständig ist, dass die Leute mit den notwendigsten Nahrungsmitteln versorgt werden. Ein Schreibwarengeschäft, ein Hot-Pot-Restaurant. Dafür schloss zur selben Zeit plötzlich das Café an der Ecke. Dann wieder war die Hälfte der Läden geschlossen, weil das Drachenbootfestival im Juni gefeiert wurde.

Abschied nehmen heißt es von den kleinen Dingen im Alltag. Der Architekturkritiker Vittorio Lampugnani nennt sie Objekte des Stadtraums, die benutzt, nicht ausgestellt werden und eigene Geschichten erzählen. Tatsächlich stellt sich Taiwan und auch Taipei an nur wenigen Orten selbst aus, verspürt offenbar selten den Drang, sich in Architektur, in pompös angelegten Plätzen und

Boulevards zu repräsentieren, wenngleich das nicht immer so war. Die Chiang-Kai-shek-Gedenkhalle ist trotz der historischen Assoziationen, die man mit diesem einstigen erbitterten Gegner Mao Zedongs und späteren Alleinherrscher Taiwans verbindet, eindrucksvoll, vor allem nachts, wenn sich junge Menschen unter den Dächern zwischen den roten Säulen des Nationaltheaters und der Philharmonie treffen, um zu neuesten Rhythmen anspruchsvolle Choreografien einzuüben. Oder wenn das blaue Ziegeldach der Gedenkhalle in einer Vollmondnacht aufscheint, dahinter das höchste Gebäude der Stadt, das Taipei 101. Oder gegenüber das marmorglänzende Tor der »Großen Mitte und Aufrichtigkeit«. Sind es Heterotopien nach Michel Foucault, Orte, die in die Gesellschaft eingeschrieben und heute trotz ihrer erdrückenden Geschichte in den Alltag integriert sind, als hätte der, dem die Gedenkhalle gewidmet ist, nie ein Volk in einer vierzig Jahre andauernden Militärdiktatur darben lassen? Die Vereinnahme durch jugendliche Tänzer und mittelalte Schattenboxer ist eine Umwidmung des Ortes, die mich bei jedem Besuch von Neuem fasziniert.

Es gibt noch etliche Gebäude aus der Qing-Zeit, aus der Kolonialzeit der Japaner, von Holländern, Spaniern und Portugiesen erbaute Häuser, zum Teil in Ruinen, die in der modernen Stadt einfach nur dastehen, architektonisch kaum in die Stadtplanung einbezogen. Immer wieder wurde ich auf die Dihua-Straße hingewiesen mit den Handelshäusern aus der japanischen Zeit. Sie hat durchaus Charme, doch die Gegend wurde von der Tourismusindustrie längst in Beschlag genommen. Ausgerechnet dort fand ich per Zufall ein Museum über die taiwanischen Komfortfrauen während des Zweiten Weltkriegs – noch nie hatte ich davon gehört, dass auch die Frauen in Taiwan dem »Komfort« japanischer Soldaten dienen mussten. Ich war überrascht, überrascht aber auch über meine Ignoranz.

Spannender, als die Stadt und ihre Touristenattraktionen zu besuchen und ihr dadurch, so mein Eindruck, keinen Meter näherzukommen, war es, einzelne Viertel abzugehen. So konzentrierte ich mich in Taipei auf wenige Ecken, die ich wieder und wieder aufsuchte, wie beispielsweise den 2-28-Park zum Gedenken der Opfer des Aufstands vom 28. Februar 1947. Damals erhob sich das Volk gegen die Herrschaft der Kuomintang-Regierung, woraufhin die Militärdiktatur ihren Anfang nahm.

Nach dem Vorbild der Peripatetiker ging ich durch die Stadt, wusste um die Bedeutung der Orte und verfolgte Spuren von Menschen damals wie heute, ging ihren Gedanken nach, verband sie mit den eigenen, sodass der Gang durch die Stadt und der Gedankengang irgendwann eins wurden. So taste ich am letzten Tag diesen Ort geografisch ab, lasse an ihm meine Erinnerungen entzünden.

Ich nehme Abschied von der Verkäuferin im Laden unten im vierstöckigen Haus, in dem ich in den vergangenen sechs Monaten gelebt, gelernt, geschrieben, Notizen gemacht habe. Das Haus gehört der Armee, und nur zwei Wohnungen sind bewohnt. In den anderen hausen die Geister, sagte ich einmal, wurde dafür aber von meinen beiden Mitbewohnerinnen groß angeschaut – »Woher ich das wisse?« Kein Volk sei wohl abergläubischer als das taiwanische, sagte ich lachend. Weil wir am nächsten Tag einen Butterzopf backen wollten, behauptete ich, dass man zwar Mehl, Ei und Hefe brauche für einen Zopf, dass es aber auch nicht donnern und gewittern dürfe, sonst gehe der Hefeteig nicht auf. Der erste Versuch misslang, die Hefe war zu alt, das Wetter zu heiß, wir wussten es nicht. Wir versuchten es noch einmal, und der zweite Butterzopf wurde per WhatsApp in der Welt herumgereicht.

Ich weiß nicht, was für ein Abschied das werden wird. Einer auf Raten, ein letzter Blick auf alles, gefüllt mit Schwermut, einer vorweggenommenen Wehmut? Wann saß ich das letzte Mal einfach so in einem Park und sah Menschen beim Leben zu? Wann werde ich es das nächste Mal tun? Oder an einem Fluss sitzen, an dem abends die Menschen den Tag ausklingen lassen? Wie oft bin ich am Jilong entlanggegangen, im Februar, März, April, bei heftigen Regenfällen, ungewiss, was diese Zeit bringen wird, was ich mit ihr anstelle. Vieles war in den ersten Monaten in der Schwebe, ein Leben auf Abruf, das jederzeit widerrufen werden konnte, weil niemand wusste, welche Veränderungen administrativer, gesellschaftlicher und wirtschaftlicher Art dieser Virus noch mit sich bringen würde. Im Mai, Juni und Juli ein Aufblühen, nicht nur der Menschen, die sich wieder hinaustrauten. Clubs, Ausstellungen, selbst das Wetter schien sich allmählich wieder zu öffnen. Über solche Dinge sann ich nach bei meinem letzten Gang dem Fluss entlang. Ich kam vom Museum für Moderne Kunst und ging zum Sanjiaodu, der dreibeinigen Furt, wo einst ein Flussarm zugeschüttet wurde, wovon heute nur noch der Name etwas weiß, wo ich viele frühe Morgenstunden Drachenboot paddelte.

Ich habe zu wenig Fantasie, um mir vorstellen zu können, wie es ist, nicht mehr hier zu sein. Zu oft dieses »zum letzten Mal«. Seit Tagen stecke ich in einer Melancholie und heute an meinem letzten Tag erst recht – als sei das Weggehen ein Abschied aus einem Leben. Wie wird es sein, mich wieder in den Alltag fügen zu müssen? In meinen Notizen so viel Mikrokosmos, so viele Details, so viel Kleines im Großen. Wie sortiere ich es, füge es zusammen, mache meine Erlebnisse zugänglich für andere? »Die Gedanken zur Erinnerung vernähen«, schreibt die Theaterwissenschaftlerin Freda Fiala in ihrem Langpoem über Taipei.[1] Mehr nicht. Oder durchs Schreiben einkapseln. Mehr nicht.

Abfall

Glück ist, wenn sich abends die Müllabfuhr mit Beethovens »Für Elise« oder Badarzewska-Baranowskas »Gebet einer Jungfrau« ankündigt. Es klingt, als käme der Eisverkäufer. Und plötzlich hebt ein Türenschlagen und Getrappel an, alle Bewohner laufen auf die Straße, um ihren Abfall loszuwerden. Nur dann, sagt Yen-fang, eine meiner beiden Mitbewohnerinnen, bekommt man seine Nachbarn zu Gesicht. Jedenfalls sind sonst nie so viele Menschen auf der Straße, wie wenn die Müllwagen kommen.

In den neunziger Jahren führte die Stadtregierung Taipeis diese Abfallentsorgung ein, weil der Gestank im subtropischen Klima unerträglich war, sich Ratten und Ungeziefer über die Abfallsäcke hermachten und zu einer Plage wurden. Seither wird sauber entsorgt und gründlich recycelt. Vor den Abfallwagen stehen Arbeiter, die einem Glas, Papier und Plastikflaschen abnehmen. Müll sieht man auf Taipeis Straßen kaum, Abfalleimer sind selten, illegales Müllabladen ist strafbar. Einmal sah ich ein Schild, auf dem sogar die Götter mit Missachtung drohen, sollte hier jemand seinen Abfall abstellen.

Mittlerweile weiß ich, wenn der Müllwagen vorn beim Park »Für Elise« spielt, ist es etwa sieben Uhr. Wenn ich den nicht schaffe, kann ich den Müll beim Wagen mit »A Maiden's Prayer« bei uns in der Straße um 20 Uhr 40 abgeben, fast auf die Minute pünktlich. Und doch wird man Abend für Abend überrascht, weil man gerade mitten in einem Satz, einem Gedanken, einem Telefonat oder was auch immer steckt.

Da diese beiden Melodien niemand mehr hören kann, hat die Stadtverwaltung neue einführen wollen, prompt riefen Bürger an und protestierten: Wo der Müllwagen denn bleibe? Nun habe man versäumt, den Müll zu entsorgen, weil man die neue Melodie nicht dem Müllwagen zuordnen könne! Her mit der alten Melodie! So erzählt es Yen-fang. Deshalb habe man es bei »Elise« und der »Jungfrau« belassen.

Ahnung

Manchmal stehe ich irgendwo oder bewege mich durch die Stadt mit dem Gefühl der Spannung, als berge dieses Land, diese Insel unzählige Möglichkeiten, tief unten in ihrem Felsensockel, umgeben von Meer, unter den Straßen, in den gezackten Tälern. Selbst beim Blick über den Fluss oder hinunter vom Balkon auf die Straße spüre ich die Spannung.

Als sei dies erst ein Anfang, ein Gemisch aus Erinnerungen und Ahnungen, als sei hier eine Zukunft möglich, als sei hier etwas möglich, von dem ich nur noch nichts weiß. Ein vertrautes Gefühl indes. Es erinnert mich nicht an Chengdu damals, sondern rührt an etwas tief in mir, das dort schon immer war und nun angestoßen wird.

Das warme Wetter trägt zu dieser Stimmung bei, weil ich es liebe, wenn am Ende des Tages der laue Wind in der Abenddämmerung über meine Arme streift, voll sinnlicher Vertrautheit. Seltsam, dass ich Erinnerung denke, sich aber kein Bild dazu einstellt. Es ist nurmehr eine Ahnung von etwas, was meinen Körper erbeben lässt.

Alishan

Jahrtausendealte rote Zedern stehen im lichten Wald, der Waldboden von Farn bedeckt. Staunend gleitet mein Blick am Stamm entlang nach oben, wo er sich teilt. Selbst auf den Ästen spreizt sich der Farn.

Seit ich Alishan besucht habe, bin ich im Baumfieber, empfänglicher auch für den heimischen Wald, für Baumrinden, ihre Schatten und Furchen, die Flechten wie Schuppen, das Totholz auf feuchtem Waldgrund und das Efeu, das Äste zu Tode umarmt. Bei Marion Poschmann lese ich: »Insofern handelt es sich um mehr als einen Ausflug. Unvermeidlich findet auf einer solchen Tour eine Sensibilisierung statt.«[2] Doch wie geht das Schreiben darüber? Anders als die Malerei verfüge die Sprache über keine Technik, um die Welt der Bäume nuanciert zu beschreiben, bedauert Marion Poschmann. Die Sprache kenne nur Wiederholungen, eine Wurzel, ein Stamm, Blätter; es sind nur geringfügige Modifikationen möglich. Meine Versuche, die alten Zedern zu beschreiben, werden ihnen nicht gerecht; mir gehen die Wörter aus.

Höre ich Emily, meine Verlegerfreundin, über die Zedern sprechen, merke ich, dass ihr die Bäume etwas anderes bedeuten. Für mich bilden sie vorerst eine stimmungsvolle Kulisse. Doch die Menschen hier gehen fast andächtig über Holzstege, einen halben Meter über dem Waldboden. Warum gibt es diese Stege? Traut man dem Waldboden nicht? Ist der Spaziergang durch den lichten Wald so vielleicht einfacher, kein Stolpern über Wurzeln? Ist die

Natur so ungestörter? Ehrfürchtig schauen die Menschen hinauf in die ausgedünnten Wipfel. Reicht es womöglich, die Zeder aufzurufen, um eine bestimmte Gefühlswelt heraufzubeschwören?

Dieser Wald, seine Bäume erzählen Geschichten. Alishan war einst ein Ort der Zuflucht. Als die Japaner 1895 kamen, flohen viele Taiwaner vor ihnen in die Berge. Nach dem Aufstand vom 28. Februar 1947 war anderswo kein Untertauchen mehr möglich. So liest es sich in der Erzählung »Flucht in die Berge« des Hakka-Schriftstellers Lee Chiao.[3] Nachdem alle Kameraden verhaftet und einige auch getötet wurden, bleibt nur noch die Hauptperson übrig. Doch Spitzel lauern überall, verfolgen ihn in die Wälder und Berge. Der Flüchtende stirbt jedoch nicht durch die Kugel seines Verfolgers, sondern beide kommen durch den Biss einer Giftschlange zu Tode.

Auch heute noch sterben in diesem Wald Menschen. Es sind sogenannte Baumräuber; *shān lăoshū*, Bergratten, werden sie genannt. Man sieht sie nicht. Diese Menschen wurden, wie viele andere vor ihnen, in die Berge geschickt, um Bäume zu fällen, des Geldes wegen. Schon die Japaner hatten Wohlgefallen am Wuchs und Aroma der Zedern gefunden, nannten sie *hinoki* und fällten sie. Die Nationalpartei Kuomintang (KMT) übernahm das Geschäft, denn es versprach Profit, bis nur noch wenige Baumriesen standen. 1991 wurde endlich das Fällen in sämtlichen Urwäldern Taiwans verboten.[4]

Für Hoang, einen illegalen Einwanderer aus Vietnam, reichte 2018 das Geld in den Fabriken nicht, um zu Hause die Familie zu ernähren und die Schulden bei den Schleusern zu bezahlen. Er ging in den Süden, arbeitete auf Teefeldern, später für Gangs, die heimlich die alten Zedern fällen. Gefängnisstrafen bis zu zwanzig Jahren drohen den Holzdieben, deshalb wohl rannte Hoang bei seiner Verhaftung in den Wald, dem er sein Einkommen verdankte, was er mit dem Leben bezahlte. Er verblutete an einem Schuss in die Stirn, den Polizisten auf ihn abgefeuert hatten. Sein Bruder fand ihn fünf Tage später tot im Wald.[5]

Das Holz, das stückweise aus dem Wald geholt wird, damit die Dieberei nicht auffällt, wird von den Souvenirhändlern in Sanyi gern gekauft. Aus ihm wird geschnitzt, was Touristen gefällt, was Glück bringt, Buddhastatuen und Äpfel zum Beispiel. Das ist auch für die Ladenbesitzer gefährlich; für den Kauf von illegal gefälltem Holz drohen ihnen Strafen zwischen achtzehn Monaten und fünf Jahren.[6]

Doch einem jungen Holzkünstler will es gleich sein, woher sein Holz kommt. Er fragt nicht, sie sagen es nicht, doch dass es von den Baumratten ist, wissen alle. Er weiß um die Strafe, aber der Profit mit den Holzschnitzereien ist zu verlockend.

Fast hätte ich so einen samtig-glatten gelben Holzapfel gekauft, als ich noch nicht von den Baumratten und den Toten im Wald wusste, wegen des Streichelns über das hellschimmernde Holz, wegen der vollendeten Rundung des Apfels; bloß die Nutzlosigkeit des Gegenstands hielt mich davon ab.

Am Abend ist Alishan leer und verlassen, der Poetenpfad wie ausgestorben. Der Geruch nach frisch gemähtem Gras. Auf den Treppenstufen liegen Flügel toter Libellen.

Nebel zieht über die Flanken des Berges. Die Sonne hat den Tag abgewartet, bricht kurz noch durch den bleichen Himmel. Zikaden zermalmen ihn zwischen den Kiefern. Dann Stille.

Dann düstern Krähen. Ein Berg erhebt sich scharfkantig vor der untergehenden Sonne im Meer.

Die Alten

Sie haben mich schon immer überrascht, die Alten in Taiwan. Wie in China. Morgens treffen sie sich im Park, schlenkern mit den Armen, drehen die Hüfte, beugen sich ein wenig nach vorn, ein wenig nach hinten, so weit es die Wirbelsäule eben noch zulässt. Das Schwingen von Armen und Beinen gehört zu den bevorzugten Bewegungen. Manche tun so, als rennen sie, gehen, die Arme angewinkelt, eng am Oberkörper angelegt, diesen wiederum leicht nach vorn gebeugt, sodass mit Schritten die maximale Gehgeschwindigkeit erreicht wird. Und abends tanzen die Fitteren im Straßenlampenlicht, das kümmerlich die kreisrunden Plätze in den Parkanlagen beleuchtet.

Nicht wusste ich, dass man zu einer Popvariante von Beethovens »Freude, schöner Götterfunken« in die Hände klatschen, Ellbogen auf Brusthöhe aneinanderdrücken und Arme nach vorn strecken kann – nicht unbedingt im Takt zwar, aber mit viel Elan. Sogar der Parkgärtner, der mit seinem Besen die Blätter, die über Nacht gefallen sind, zusammenfegt, schmettert die Freudenhymne mit.

In den Straßen fallen all jene auf, die nicht mehr gehen können und einen dreifüßigen Gehstock spazieren führen oder im Rollstuhl sitzen. Die im Rollstuhl werden von jungen Frauen geschoben, die dem Aussehen nach aus Indonesien oder von den Philippinen stammen und fröhlich in ihre Smartphones plappern.

Doch was ist schon alt? Mein Drachenbootteam, das fand ich allerdings erst später heraus, war das Ü60-Team, nur dass die zähen Männer und Frauen aussehen wie um die Vierzig. Man tut viel, um gesund alt zu werden. Dafür sorgt auch die Bulao-Bewegung. 2007 fuhren greise Motorradfahrer einmal um die ganze Insel und erfüllten sich damit einen alten Traum.[7] Die Alten genießen das Leben in bescheidener Dankbarkeit.

Ankommen

Und es gibt immer wieder Tage, da denke ich, du bist angekommen. Ich sehe den Fluss, die Berge, die Hochhäuser am anderen Ufer und denke, angekommen im Nichts-anderes-mehr-wollen.

Armut

Wenn man hinhört, sieht man sie. Schuhe, die schlappen, weil zwei Lagen Zeitungspapier zwischen Ferse und Leder eingelegt sind. Die alte Frau hat die Schuhe entweder aus dem Abfall geklaubt oder gefunden; jedenfalls sind sie zu groß, Gummiboote an ihren Füssen. Ihr hellblauer Mundschutz hängt fast unterm Kinn, sie hat nur Augen für den Boden.

Eine Frau beobachte ich, wie sie einen Rollkoffer hinter sich herzieht, dem ein Rad fehlt. Auf dem Koffer sind ihre Habseligkeiten festgezurrt, die offensichtlich nicht mehr hineingepasst haben.

Wenn man genau hinsieht: viel zu weite Anoraks, die über schmalen Schultern hängen, fleckig auf der Brust und abgewetzt an den Ellbogen, schlabbrige Hosen mit ausgefransten Bünden. Sie sitzen auf einer Parkbank, neben sich eine Plastiktüte mit all ihren Sachen. Wie lange wohl schon? Ob sie jeden Tag da sitzen? Wo sind sie, wenn es regnet, denn wenn es regnet, regnet es heftig.

Einmal erschrecke ich, als ich nackte, lange, dürre Beine sehe, angewinkelt. Die Frau kauert auf einem Hocker vor einem Nudelstand und schlürft eine Suppe. Sitzt in sich versunken, ihr halblanges graues Haar geht ihr strähnig bis zur Schulter. Was sie wohl unter der grauen Strickjacke bei dieser Hitze trägt, frage ich mich.

Sie bewegen sich unauffällig in der Stadt. Vielleicht fallen sie mir deshalb auf. Einmal abends auch beim Anstehen an einem Buffet. Die Buchwelt Taipeis feiert die letzte Nacht eines Eslite-

Buchkaufhauses, dem ältesten der Stadt und ersten, das 24 Stunden rund um die Uhr geöffnet hatte. Wie sie sich anstellen, unter jene mischen, die noch mehr wollen, einen zweiten, dritten Nachschlag, oder jene, die nur aus purer Lust auf einen Schluck Whiskey, auf ein Häppchen hier stehen, sie aber aus purer Not, mit ausgebeulten Rucksäcken und abgerissenen Kleidern, wie sie scheu um sich blicken, kaum die Füße vom Boden heben, auch hier nicht. Einer hat einen eiergroßen Furunkel an seiner rechten Hand, so groß, dass er ihn beim Zugreifen mit den Stäbchen behindert. Die Musik eines Orchesters im Hintergrund klingt wie aus einer anderen, fernen, für sie unerreichbaren Welt.

Bäckerei

Nach dem Unterricht gehe ich schnurstracks in eine Bäckerei, die unsere Lehrerin für die in Taiwan so typischen Ananaskuchenstückchen empfahl: »Die muss man gegessen haben.« Das Angebot ist ansehnlich, Käsekuchen, Mandelnussschnitten, Brownies. In der Nähe der Universitäten legt man offensichtlich viel Wert auf Qualität und Auslage.

Als ich eintrete, meine ich, deutsche Schlagermusik zu hören, denke aber sogleich, dass ich mich verhört haben muss, wie so oft, wenn es um Musiktexte geht. Ich höre nicht weiter hin, konzentriere mich auf die Beschriftung der diversen Kuchen, bis das »Nur du, du, nur du« mir deutlich ins Bewusstsein dringt. Ein deutscher Schlager allererster Güte – wie kommt der hierher? Nach dieser Schnulze folgt auch schon die nächste.

Wäre diese Bäckerei nicht die Filiale einer großen Kette, hätte ich die Verkäuferin danach gefragt. Doch die Angestellte, positioniert hinter Desinfektionsmittel und Chocolate Brownies im Sonderangebot, sieht nicht so aus, als könnte sie mir darauf eine Antwort geben, zumindest nicht jetzt zur Mittagszeit, da sich Kuchen und Wraps am besten verkaufen.

Die Ananaskuchenstückchen sind mir indes viel zu süß, was meine Lehrerin am nächsten Tag fast nicht glauben kann.

Bange

Woher rührte das Gefühl der Bangigkeit in den ersten Wochen? Das ungläubige Staunen darüber, wie ich vor vielen Jahren, fast in einem anderen Leben, scheint mir, einmal alles in eine Waagschale warf, weil ich unbedingt nach Japan wollte? Mir heute unvorstellbar.

Mir ist bange, als ahnte ich etwas. Oder ist es nur die Ungewissheit? Ein Fremdeln, das mir neu ist, alles ist mir neu.

Zweieinhalb Monate später kann ich mir schon nicht mehr vorstellen, je wieder von hier wegzugehen, kann mir ein Leben in Europa nicht mehr vorstellen, erst recht nicht nach allem, was Europa nach diesem Frühling, diesem Sommer durchgemacht haben wird.

Bedrohung

Kann ein Volk Resilienz lernen, wenn es regelmäßig von einem anderen bedroht – mal subtil, mal mit roher Gewalt –, wenn es gezwungen wird, die Fäden zur Welt zu kappen, bis es alleine dasteht?

Wie zeigt sich diese Bedrohung im Alltag, wenn ein anderes Land sich in den Kopf gesetzt hat, dieses einzunehmen, das nicht einmal Feindesland ist, sondern dieselbe Sprache spricht, auf dieselbe Tradition zurückblickt? Wenn der große Bruder will, dass man zur Familie zurückkehrt, der kleine Bruder aber lieber draußen in Freiheit spielen möchte, wie es eine Radiojournalistin ausdrückte?

Gibt es Worte für diesen Zustand des Ausharrens, Abwartens?

Sind die Menschen gewappnet? Wie sehen die Schuppen einer möglichen Widerstandsfähigkeit aus?

Hält man sich an das »Wasser«, wie es die Hongkonger Protestbewegung als Motto gegen die unverhältnismäßige Polizeigewalt formulierte, was zu einem Revival von Bruce Lee führte? »Empty your mind, be formless, shapeless — like water. Now you put water in a cup, it becomes the cup; You put water into a bottle, it becomes the bottle; You put it in a teapot, it becomes the teapot. Now water can flow or it can crash. Be water, my friend.«

Diese Seinsweise ist mir vielleicht das größte Rätsel dieser Insel.

»Stellt euch eine Insel vor, eine schöne, kleine, tropische Insel, mit einer jungen Demokratie, vielen verschiedenen Nationalitäten und Religionen. Und daneben ein riesengroßes Land, in dem es das alles nicht gibt, das dieses kleine Land ständig bedroht und schlucken möchte. Wie lebt es sich in so einem Land?«, fragt die Tänzerin F., wenn sie im Westen nach Taiwan gefragt wird. »Von einem Bürgerkrieg kann ich nicht erzählen, auch geht es uns materiell gesehen relativ gut. Deshalb interessiert sich auch niemand wirklich für Taiwan, wenn zum Beispiel in Künstlerkreisen die Herkunft thematisiert wird. Da mag die Bedrohung, so wie ich sie fühle, noch so existenziell sein.«

Unter den zwölf Taiwanerinnen unterschiedlichen Alters, unterschiedlicher Profession und Herkunft, mit denen ich mich seit 2019 über die Bedrohung Taiwans unterhalte, ist die Tänzerin mit diesem Gefühl alleine.

Eine verstummt allerdings bei dieser Frage und antwortet erst nach einer Weile, dass man die Zuversicht verloren habe. »Was können wir schon tun?« Ihre Eltern, ihr Bruder seien sicher, dass Taiwan eines Tages von China eingenommen werde. Ihr Vater werde deshalb auch kein Haus kaufen, keine Wohnung, wie es so viele für ihre Altersvorsorge tun, weil man nicht wisse, wie die Zukunft Taiwans aussehe.

Für viele ist diese Gefahr so alltäglich, dass sie sie nicht mehr ernst nehmen – was diverse Umfragen bestätigen.

Schon bei ihrer Geburt sei Taiwan bedroht gewesen, sagt die Journalistin. Es sei, als schimpfe ein Nachbar tagein, tagaus im Garten nebenan. »Der Garten gehört aber eigentlich uns.« Dennoch stehe Taiwan derzeit nicht auf der Prioritätenliste der Volksrepublik, die sich auf Tibet, Xinjiang und Hongkong konzentrieren müsse. Andererseits – sie wird nachdenklich – schickten Taiwaner, die es sich leisten könnten, ihre Kinder ins Ausland, um sie dort studieren zu lassen und in Sicherheit zu bringen, das heiße, sie haben kein Vertrauen in Taiwans Zukunft. Und Hongkonger wanderten lieber gleich nach Neuseeland und Kanada aus statt nach Taiwan, weil sie glaubten, Taiwan sei als Nächstes dran.

Das sei früher so gewesen, sagt der queere Politpsychologe Wen Liu im Gespräch mit dem Blogger Brian Hioe, doch die jungen Leute wollten Taiwan nicht mehr verlassen, seien groß geworden mit Gefahren wie Erdbeben, Taifun und eben China. »Das Risiko ist zwar da, dennoch muss man nicht immer mit dem Schlimmsten rechnen.«[8]

Sie drohen schon so lange, machen die Drohung aber nicht wahr. Nie ist etwas passiert. Ich mache mir Sorgen, aber es bringt nichts, sich zu sorgen. Wir können eh nichts machen, wir können uns ja nicht verstecken. – Fast ungläubig höre ich diesem Chor zu.

Die Pilotin K. beschreibt die Gemengelage. Zwar habe man sich im Großen und Ganzen an diese Situation gewöhnt, und früher sei es noch schlimmer gewesen. 1996 zum Beispiel, als Raketen abgeschossen wurden, die direkt vor Taiwans Küste ins Meer stürzten, weil sich China vor Lee Teng-hui als erstem Präsidenten fürchtete. »Aber ich erinnere mich an 1997. Meine Mutter nahm mich damals mit nach Hongkong. Es war meine erste Auslandsreise. Sie wollte mir zeigen, wie es dort ist, bevor die Kolonie zurück an China geht. Da war die Bedrohung für mich sehr real. Wir beobachten sehr genau, was in Hongkong vor sich geht. Und jedes Mal, wenn etwas passiert, ist das wie eine Krise, denn wir stellen uns vor, dass das auch in Taiwan passieren kann. Doch je mehr man hört und liest, desto größer wird der Widerstand dagegen. Im Luftraum bekomme ich ständig Meldungen und Warnungen, dass man den chinesischen Luftraum verletze. Weil man den Funk nicht abstellen darf, gehen sie zum einen Ohr hinein und zum anderen hinaus.«

Schwankt man also zwischen Gewöhnung und Verdrängung? Wie ist Bedrohung, wenn sie alltäglich wird? Wenn sie in wohldosierten Portionen verabreicht wird, ist man irgendwann immun dagegen? Was dann?

Jedenfalls ist es keineswegs so, wie ich es mir vorgestellt hatte, dass ein Volk wie ein Kaninchen vor der Schlange erstarrt. Und die Menschen tanzen auch nicht aus lauter Verzweiflung wie auf einem Vulkan, als wollten sie den letzten Moment in Freiheit genießen.

»Krieg? Die Zeiten sind vorbei. Wir konzentrieren uns in Taiwan auf die Arbeit, die Familie, die Kinder und darauf, im Alltag zu überleben und Geld zu verdienen«, meint Kleiderverkäuferin Chi-Jing, die die Bedrohung und China mit einer kreisrunden Handbewegung wegwischt und mit einem Schluck bernsteinfarbenem Whiskey runterspült.

Jüngere Taiwaner empfinden eine Abneigung gegenüber China, die mit jeder Drohgebärde wächst. Doch bei einer Umfrage im Juli 2020 stellt sich heraus, dass weniger als fünfzig Prozent dafür eine Waffe in die Hand nähmen.[9]

Taiwan könne leicht und schnell eingenommen werden, meint die Verlegerin Chuang Chin-chung. »Das Land muss Verbündete suchen, damit es im Notfall Unterstützung erhält, denn auf die USA könne man sich nicht verlassen.« Das heißt, man müsse auf Diplomatie und *soft skills* setzen, um nicht noch mehr Länder als Verbündete zu verlieren, sondern im Gegenteil neue dazuzugewinnen, wenngleich es sehr schwer sei, Medien für Taiwan zu interessieren und Regierungen von ihrer zwiespältigen China-Politik abzubringen.

Die Geschichte von Prag ist insofern eine Erfolgsgeschichte. Da kündigte der Prager Oberbürgermeister die Partnerschaft mit Shanghai wegen weiterer unzumutbarerer Klauseln und schloss stattdessen mit Taipei einen städtepartnerschaftlichen Vertrag. China schäumt und droht, aber passiert ist bislang wenig.

Auch Litauen wagte den Affront. 2021 trat es aus dem chinesischen 17+1-Bündnis mit mittel- und osteuropäischen Ländern aus und eröffnete eine Botschaft in Taipei. Slowenien intensivierte Anfang 2022 die Beziehungen zu Taiwan. China tobt, blockiert den Handelsaustausch; davon ist auch die EU betroffen.

»Wir sind bedroht, aber wir sind vorbereitet«, sagt Außenminister Joseph Wu wiederholt in Interviews mit westlichen Medien. Doch mit dem neuen Sicherheitsgesetz in Hongkong, Gesetz zur Wahrung der Sicherheit in der Sonderverwaltungszone Hongkong, das die Verhaftung kritischer Personen erleichtert, ist die Gefahr eines möglichen Krieges noch einmal gestiegen. Bei jedem Besuch eines US-amerikanischen Diplomaten – Gründe finden sich immer – wird die Daumenschraube angezogen, werden Militärmanöver in der Taiwanstraße intensiviert. In Taiwan spüre ich diese Bedrohung im Luftraum durchaus. Taiwanische Bekannte zucken jedoch nur die Schultern, ähnlich wie bei den Erdbeben, die mir meine App anzeigt.

Es ist ein Volk, dass an Katastrophenwarnungen gewöhnt ist. Alljährlich wird die Insel von Tropenstürmen, Überschwemmungen, Erdbeben heimgesucht, doch weil die Regierung vorbereitet ist und entsprechende Katastrophenszenarien – die »Standard Operation Processes« (SOPs) – aus der Schublade zieht, wird es im Kriegsfall schon klappen, hoffen die Menschen. So wähnt man sich in Sicherheit.

Geübt wird der Kriegsfall durchaus. Das habe ich zunächst nur am Rande in den Medien verfolgt, doch am Montag, dem 17. Juli, schreibt mir eine Freundin eine Nachricht, fragt, wo ich sei, denn ich müsse wissen, heute stehe das Land zwischen 13 Uhr 30 und 14 Uhr still. Die U-Bahnen, Busse, nichts fahre mehr; man übe für den Ernstfall, falls China Taiwan aus der Luft angreife. Tatsächlich erhalte ich, vermutlich wie alle Bürger Taiwans, wenige Minuten später eine SMS direkt von der Regierung, die auf den simulierten Luftangriff und den Sirenenalarm aufmerksam macht. Anders aber als all die Jahrzehnte zuvor, so schreibt mir meine Freundin kurze Zeit später, als ich gerade unweit von Taipei auf einem verlassenen Pfad durch tropischen Regenwald wandere, müssten sie dieses Mal nicht die Bunker und Evacuation Centers aufsuchen, weil während der Corona-Pandemie Menschenansammlungen zu vermeiden seien. Das Leben gehe weiter; das sei früher anders gewesen und stets eine echte Belastung im Alltag.

Dennoch sterben 2020 Menschen bei einer Übung im Vorfeld des einwöchigen Han-Kuang-Militärmanövers. Auf rauer See kentert ein Schlauchboot, zwei Soldaten bekommen zu viel Wasser in die Lungen und ertrinken; der verantwortliche Offizier nimmt sich daraufhin das Leben. Und das Manöver endet mit einem Hubschrauberabsturz, bei dem nochmals zwei Soldaten ihr Leben verlieren.[10]

Überhaupt scheint die Ausstattung des Militärs in einem beklagenswerten Zustand zu sein. Soldaten sollen beispielsweise dazu angehalten worden sein, Ersatzteile aus eigener Tasche zu bezahlen.[11]

Auch die USA monieren die Ausstattung der taiwanesischen Armee und treiben die Regierung zu immer mehr Waffenkäufen an. Je nachdem, wie hoch das alljährliche Militärbudget ausfallen solle, redeten die Falken in den USA die Gefahr groß, schreibt der Blogger Brian Hioe. Sie verdienten an den lukrativen Waffengeschäften mit. Doch werden die USA Taiwan im Notfall wirklich unterstützen? Ist es nicht womöglich unvernünftig und blauäugig, vor allem auf militärische Verteidigung zu setzen? Der Abzug der USA aus Afghanistan und die Folgen rufen in Taiwan stille Bestürzung hervor. Man vergleicht die Situation dort mit der eigenen.[12]

In der westlichen Berichterstattung werden die Verletzungen des chinesischen Luftraums durch das US-amerikanische Militär indes kaum erwähnt. Seit zwei Jahrzehnten folgen die USA der Obsession, nach dem Kalten Krieg nun die chinesische Gefahr heraufzubeschwören – um die Militärausgaben aufzublähen, analysiert eine französische Journalistin.[13]

Und dass Taiwan nach 1949 unter Chiang Kai-shek jahrzehntelang drohte, das Festland anzugreifen, scheint der westlichen Amnesie zum Opfer gefallen zu sein.

Meinungen, Analysen, Umfragen, die sich widersprechen und im Widerspruch gegenseitig hochschaukeln.

So geht es auch nicht.

Schon vor Jahren hat der Krieg an einer ganz anderen Front begonnen. Taiwan ist das Land, das die meisten Cyber-Angriffe zu gewärtigen hat, das von einem Fake-News-Tsunami überschwemmt wird. Um dem zu begegnen, ernannte die Präsidentin Tsai Ing-wen Audrey Tang, den früheren Hacker Autrijus Tang, zur Digitalministerin. Fake News kontert diese unter anderem mit »Humor«, beauftragt Komiker mit Berichtigungen, die gerade in den sozialen Medien für Lacher und Aufmerksamkeit sorgen – und Stoff für meinem Sprachunterricht bieten.[14] Aus denselben Gründen hat die Regierung entschieden, dass ab 2022 Behörden keinerlei Elektronik mehr aus China verwenden dürfen; ursprünglich war geplant, eine Liste mit den Namen der zu boykottierenden chinesischen Firmen zu veröffentlichen, was aber aufgrund der schieren Anzahl nicht mehr machbar sei.[15]

Laut westlicher Berichterstattung spitzt sich 2021 die Lage weiter zu. Regelmäßig frage ich bei meinen Freunden in Taiwan nach, wie schlimm es dieses Mal ist. Jedes Mal sagen sie: »Wie immer. Sorge dich nicht, uns geht es gut!« Aber ich mache mir Sorgen. Es beruhigt mich nicht zu lesen, die chinesische Armee könne nicht so schnell so viele Truppen verlagern oder Taiwan sei nur an wenigen Küstenabschnitten angreifbar.

Ich fürchte, die Strategie, so lange zu drohen, bis sich der Westen an diesen erwartbaren Angriff gewöhnt hat und deshalb nicht oder nur schwerfällig reagieren würde, ist klug. Gleichzeitig soll das hingehaltene taiwanische Volk mit Nadelstichen zermürbt werden.

Einzelne werden sich in die Berge und Wälder zurückziehen, von wo aus die Inselbewohner noch jedem begehrlichen Eroberer die Stirn zu bieten versuchten. Was passiert, wenn Taiwan und die USA auf einen Guerillakampf in unterirdischen Gängen setzen, Reservisten im Häuserkampf ausbilden, unter Stränden Tunnel anlegen und mit Sprengstoff füllen?[16]

Im Jahr 2021 nahmen die Bedrohungen jedenfalls weiter zu, Medien sprechen von den schlimmsten Spannungen seit der Krise 1996, als Chinas Raketen vor der Küste Taiwans einschlugen. 2021 drangen so viel Militärflugzeuge wie nie zuvor in Taiwans Identifikationszone zur Luftverteidigung ein.[17]

Welche Behörden, welche Organisationen wären im Falle eines Falles zu kontaktieren? Auf welchem Weg könnten Bekannte und Freunde vor dem Inferno gerettet werden? Wie könnte man ihnen nach einer Invasion helfen? Fragen ziehen sich manchmal wie Schleier vor die Nachrichten aus Taiwan.

»Sorge dich nicht, es geht uns gut, es ist wie immer, früher war es einmal schlimmer.« Dieser Refrain beruhigt mich nicht wirklich. Sehen die Menschen die Gefahr nicht? Sehe nur ich, sehen nur wir im Westen sie, weil sie aus geopolitischen Interessen heraufbeschworen wird? Sollte ich tatsächlich auf die Widerstandskraft der Taiwaner vertrauen? Meine Zweifel und Fragen finde ich in den Zeilen der Kurzgeschichte »The old capital« der Autorin Chu T'ienhsin wieder:

Du gehörtest zu jenen, die glaubten, jeden Moment könne ein Krieg ausbrechen, hattest aber keine Angst.
Es gab aber auch noch andere Menschen, die glaubten, der Krieg käme, und die mächtig Angst hatten.
Und jene, die glaubten, es gäbe keinen Krieg und deshalb auch keine Angst hatten.
Aber auch jene, die nicht an einen Krieg glaubten und dennoch Angst hatten.
Du hattest keine Angst, weil dir schon früh klar war, dass man als einzelne Person nur wenig ausrichten kann.[18]

Beitou

In Beitou steige ich um nach Xinbeitou, ins »neue Beitou«, bekannt für seine heißen Quellen, ein Museum und einige architektonische Sehenswürdigkeiten. An einem meiner letzten Tage in Taiwan fahre ich hin.

Schon am Bahnhof steht ein historischer Brunnen, der mir wegen seiner bescheidenen Zurückhaltung unter einem Bambusdach auffällt. Im Wasser sehe ich kleine hochkant gestellte Holzlatten, vom Wasser umspült. Neben mir steht ein stämmiger Mann, der genauso ratlos wie ich zu sein scheint. Vielleicht empfindet er das Wasser, in das wir gleichzeitig unsere Finger strecken, als ebenso grenzwertig heiß? Beide verziehen wir aber keine Miene, schauen ins Wasser und unseren Fingern zu. Es tut fast weh, also muss es wohl gesund sein.

Am Bach entlang gehe ich durch einen Park, dahinter Hochhäuser und Wohnblocks, davor zahlreiche luxuriöse und auch ein wenig gräuliche Badehotels. Auf Schildern wird dafür geworben, sich hier stundenweise einzumieten. Etwas Anrüchiges liegt in der Luft, Männer in protzigen Autos lassen Motoren aufheulen, nur wenige Menschen sehe ich auf der Straße.

Vielleicht bin ich auch nur voreingenommen, weil ich zuvor die Geschichte des Badeortes überflogen habe. Die Japaner hatten es sich während ihrer kolonialen Besetzung der Insel von 1885 bis 1945 in Xinbeitou gemütlich gemacht, eine Bahnlinie angelegt, um die heißen Schwefelquellen Hotels errichtet, der Bädertourismus boomte. Und als die neuen Herrscher Ende der fünfziger Jahre vom Festland nach Taiwan flohen, florierte die Prostitution erst recht.

Die Bibliothek am schmalen Beitou-Flüsschen ist so gelegen, dass man sich keinen besseren Ort mehr für eine Bibliothek vorstellen möchte. Der Bau schwingt sich auf drei Etagen in die Höhe und schmiegt sich an den Fluss. Einladend sind die einzelnen Schreibtische oder auch Sitzgruppen aufgestellt, der Raum ist licht, die Atmosphäre entspannt. Das nächste Mal, so träume ich vor mich hin, werde ich hierherkommen, und es würde sich wie von selbst schreiben.

Die weiträumige Tatami-Lounge im Hot Spring Museum wirkt freundlicher als die Museumsangestellten, die mir gleich hinter dem Eingang ein Paar ausgetretene Filzschlappen vor die Füße werfen. Das alte gekachelte Becken im Erdgeschoss, die Kargheit der Badehalle, ausgetretene Fließen, Kuhlen in Brüstungen – die Räumlichkeiten sind so, wie man es von einem Thermalbad erwartet. Dann entdecke ich das Becken für Frauen, es ist winzig klein. Vergeblich suche ich eine Erklärung. Die historischen Erläuterungen auf den kleinen Schildern erschöpfen sich sowieso bald, kein Wunder angesichts der doch nur kurzen hundertjährigen Geschichte des Badeorts.

Die Wenquan-Straße (Straße der heißen Quellen) will ich entlanggehen, weil mir eine Freundin einen Link mit Fotos von verfallenen Häusern geschickt hatte. Ich gehe allerdings in die falsche Richtung, entdecke einen japanischen Tempel, bin ein wenig zu unfreundlich zu einem Mönch, weil der mich auf Englisch ausfragen will. Ich gehe immer weiter die asphaltierte Straße bergaufwärts. Von oben sehe ich Beitou im Sonnenuntergang. Neben mir liegt ein Liebespärchen im struppig-trockenen Rasen. Ist sich selbst nicht genug, denn sie plappern unentwegt in ihre Smartphones und schauen dabei wie ich ins von der Hitze und den Quellen dampfende Tal hinab. Wegen der Moskitos breche ich bald wieder auf, habe mich schon wieder ganz rot gekratzt.

Auf dem Rückweg hinunter in die Stadt sehe ich sie im Dämmerlicht: Fenster wie schwarze Münder, aus denen Büsche wachsen, Tore, kaum mehr zu erkennen unter wildwuchernden Schlingpflanzen, geduckte Häuser, weil Bäume sich darüber breit gemacht haben. Wenn ein Haus lange leer steht, nisten sich Geister ein, habe ich bei Li Ang in ihrer Geisteranthologie *Sichtbare Geister* gelesen, und wenn Geister in einem Haus wohnen, lassen sich keine neuen Bewohner finden. Leere Häuser sprechen erst recht von den Abwesenden, in der Syntax der Verlassenheit, sie sind wie ein Splitter im Auge des Nachsinnens. Die Ruinen ergeben kein Bild.

Es wird immer dunkler, das Straßenlicht ist spärlich auf dem schmalen Weg. Irgendwann hört er abrupt auf, und ich stehe an einer vielbefahrenen Straße. Auf den Minibus zurück zum Bahnhof verzichte ich, kehre um und nehme denselben Weg wieder zurück. Auf einmal weiße runde Steine zwischen Weg und Bach, sie sehen aus wie Ufos, manche mit Augen. Sie sind aus Marmor. Auf einer Tafel steht: »Wunderliche unsichtbare Wesen leben hier.« Vielleicht im Dampf, der über den heißen Quellen aufsteigt, vielleicht in den verfallenen Häusern? Gleichzeitig dienen die Steine als Hocker und schützen die natürlichen Quellen sowie sämtliche Wesen, die hier leben, wird der Künstler Huang Ching-hui zitiert.

Über dem ganzen Ort liegt ein Geruch nach Schwefel, steigt womöglich auch aus dem Gully auf. Fließt selbst in den unterirdischen Kanälen heißes Wasser, vom Vulkangebirge gespeichert, das hinter Beitou aufragt? Ich wundere mich, wie lange ein Vulkan Hitze speichert und Jahrtausende später noch ausspuckt. Da erfasst mich die unermessliche Gesteinsewigkeit angesichts der Kurzlebigkeit eines Badeortes, der seine Vergangenheit in Ruinen bannt und Unsichtbares in weißen Marmorsteinen.

Brücken

Es sind keine Geflechte, dafür sind sie zu starr, zu funktionell. Sie sind nicht mit der Stadt verwoben, auch wenn Stadtplaner dies vielleicht gern so sehen wollen. Schnell sollen Autos mit den Menschen darin um-, durch- und aus der Stadt geleitet werden.

Wie klebriges Ungeziefer schieben sich Busse darüber. Jedes Mal, wenn ich dieses Geschiebe sehe, denke ich an Kafkas letzten Satz aus dem *Urteil*: »In diesem Augenblick ging über die Brücke ein geradezu unendlicher Verkehr.«

Brücken stehen halb oder auch ganz über Taipei, auf wuchtigen Betonpfeilern, in den Flussgrund gerammt, bei Ebbe sind die Sockel wie Zahnhälse freigelegt. Manche Brücken ziehen sich erst an Flüssen entlang, bevor sie sich zur Überquerung aufschwingen, liegen übereinander und über Kreuz, winden sich wie Luftschlangen, in Beton gegossen. Darunter fahren manchmal Boote hindurch wie in dem Film *Flow* von Su Ming-yen[19], wo Flussarme und Brücken neben- und übereinander liegen, die Bootsleute in eine steinerne Zukunft zu schippern scheinen, dabei zurückfahren in eine verschwommene Vergangenheit.

Unter den Betonbrücken Taipeis lebt die Stadt ihre Alternativen. Mancherorts sind diese Schutzräume wie Wohnzimmer; Zelte, kleine Hütten oder Buden stehen hier. Unter einer vierspurig befahrenen Brücke macht ein Grüppchen Taiji. Einen anonymeren Ort kann ich mir nicht vorstellen, doch womöglich finden sie hier Schutz vor dem Wind, der kalt vom Meer her weht. Am Abend steht ein Flötenspieler unter derselben Brücke. Weil er hier so selbstvergessen dem eigenen Echo lauschen kann? Neben sich hat er zwei Lautsprecher aufgestellt, hinter ihm steht eine kleinere Box mit der Playback-Musik. Unter dem nächsten Brückenbogen hüpfen junge Menschen mit einem Schwingseil, drehen Kurven mit den Rollerskates. Unter den Brücken ist der Asphalt glatt.

Etwas weiter steht ein roter, fahrbarer Tempel, die Weihrauchstäbchen sind erloschen. Mit dem Rücken dazu sitzen Männer auf Plastikstühlen und schauen zu, wie Frauen und Männer auf einem Kunstrasen Tennis spielen. Ich komme an einem Zelt vorbei, in dem schmachtende Liebeslieder geschmettert werden – egal, ob der Ton richtig oder falsch getroffen wird, allein die Inbrunst zählt.

Buchhandlungen

Sind Buchhandlungen nur Buchhandlungen? Sind sie nicht. Stehen Bücher nur in Buchhandlungen? Nein, sie stehen überall, wo sie stehen können, in Clubs, Cafés, Kneipen, selbst im 7-Eleven-Supermarkt – so kommt das Buch unter die Leute, die keine Buchhandlung betreten würden.

In den unabhängigen Buchhandlungen, die mir von zwei Verlegern empfohlen wurden, trinkt man Kaffee, trifft sich mit Leuten, lernt. Die Buchhandlung Dúzi (Leser) liegt in der Nähe der Taiwan Normal University. Als ich meinen Laptop aufklappe, um für die Prüfung am nächsten Tag zu lernen, schläft ein Student am Nebentisch, vor ihm liegt aufgeschlagen ein dicker Wälzer, an der Wand hängen Wünsche all jener Autorinnen und Autoren, die schon einmal hier gelesen haben, davor sitzt ein Paar, er massiert ihr die Füße. Nur lesen tut hier momentan niemand.

Gedichte verkaufen sich am besten. Auf den Tischen sind zudem kreativ und sorgfältig gestaltete Zines ausgelegt. Der Buchhändler der genossenschaftlich organisierten Buchhandlung erklärt: »Gedichte kann man schneller lesen. Erzählungen, von Romanen ganz zu schweigen, das dauert einfach viel zu lang, bis man die durch hat. Wir nehmen die Zines gern in Kommission, und oft sind gerade diese Autorinnen und Autoren unsere besten Kunden.« Zwar sei der Umsatz um geschätzte dreißig Prozent eingebrochen, sagt er weiter – haben mir auch andere Buchhändler gesagt –, weil es wegen des Corona-Virus keine Veranstaltungen mehr geben dürfe. Buchhandlungen sind eben nicht nur Buchhandlungen, sondern hier finden vor allem an Wochenenden Diskussionen, Konzerte, Lesungen statt, lebendige Kulturknotenpunkte also und als solche aus dem kulturellen Leben der Großstadt nicht wegzudenken.

Dennoch bin ich skeptisch, als ich höre, dass ein großes Buchfest stattfinden soll, weil eine der populärsten Eslite-Filialen schließt, das erste Buchkaufhaus Asiens, das 2006 den 24-Stunden-Verkauf einführte. Wie beliebt dieses Buchgeschäft ist, zeigt auch der romantisch-melancholische Film *Au revoir Taipeh!* von Arvin Chen. Eine Buchhändlerin verliebt sich in dieser Filiale in einen von der Liebe Enttäuschten, der Französisch lernen möchte und deshalb jeden Abend vor einem Regal mit Französischbüchern am Boden sitzt. Geschlossen wird das Geschäft aber nicht etwa, weil sich die mehrstöckige Buchhandlung nicht mehr rentiert, sondern weil das Geschäft so gut floriert, dass die Vermieterin, eine Bank, das Gebäude nun selbst nutzen möchte.

Vor allem junge Menschen sitzen an diesem letzten Abend zwischen den Regalen am Boden oder wo auch immer es noch Platz gibt, nicht alle lesen ein Buch. Ein Jugendlicher malträtiert das Display seines Smartphones. Andere sitzen da und schauen den vielen Menschen zu, die sich durch die Gänge schieben. Es geht zu wie bei einem Räumungsverkauf, viele Regale sind nur noch halbvoll, wie beispielsweise jenes für japanische Sprachlehrmittel, aber auch im Lyrikregal klaffen große Löcher. Wird hier nur gefeiert oder auch gekauft? Ich will mich weiter umsehen, komme aber nicht weit. Im Gang stauen sich Menschen mit Stapeln in den Händen, vor den Kassen bilden sich lange Schlangen, dabei sind die Preise der meisten Bücher nicht heruntergesetzt, man hätte sie genauso gut auch tagsüber und anderswo kaufen können. Um Mitternacht wird dieses Buchkaufhaus geschlossen, dann begibt man sich in eine andere Eslite-Filiale, wo das Programm weitergeht, mit Musik und einer Koch-Show.

Weniger ausgelassen, fast schon grimmig wird zur selben Zeit eine Buchhandlung eröffnet, die weltweit für Schlagzeilen sorgt. Lam Wing-kee, einer der fünf Buchhändler Hongkongs, der von der chinesischen Regierung Jahre zuvor entführt worden war und später nach Taiwan emigrierte, sammelte per Crowdfunding Geld für die Wiedereröffnung seines einstigen Causeway-Bay-Buchladens. Das gefällt nicht jedem: Wenige Tage vor der Eröffnung bewerfen ihn drei Männer mit roter Farbe.

Als ich seine Buchhandlung das erste Mal aufsuche, stehen im Gang davor zahllose Blumengebinde in Vasen, auch Präsidentin Tsai Ing-wen schickte einen Blumengruß. Der kleine Laden im zehnten Stock eines Hochhauses ist voll, Schulter an Schulter stehen Menschen vor den Regalen mit Büchern zu historischen und politischen Themen, westliche und chinesische Klassiker, Graphic Novels und tatsächlich zwei Bücher über die Innenpolitik Deutschlands. »Leergekauft« sei der Laden, heißt es kurz darauf in den Nachrichten, und tatsächlich sind die Regale bei meinem nächsten Besuch nur noch halbvoll. Wenige Wochen später sind die Blumen verschwunden und kaum Kunden anzutreffen. Dieses Mal aber entdecke ich andere und mehr Titel als bei meinem ersten Besuch. Lam Wing-kee wohne auch in seinem Buchladen, lese ich in einer Zeitschrift. Die Regale habe er maßschreinern lassen, der schmale Balkon sei seine Küche, dort koche er Tee, vielleicht noch eine Fertignudelsuppe.[20] Ein Bett sehe ich nirgends.

Dann gibt es Buchgeschäfte mit ausgefallenen Architektur- und Kunstbüchern, manchmal mehr Kunst als Buch, bestickte Covers, Bücher als Handtasche, etwa in der Tianyuan-Buchhandlung (Gartenbuchhandlung) des gleichnamigen Verlags. Auch hier kann man Kaffee trinken, eine Kleinigkeit essen, ein Künstler hängt gerade seine Bilder über einer Sitzecke auf.

Auf dem Weg zur Buchhandlung im Kishu-An-Literaturwald sind Aphorismen bekannter Poeten ins Pflaster eingraviert. Ich will nicht auf sie treten, gehe einen mäandernden Weg um sie herum. Die Buchhandlung dort hat hauptsächlich philosophische Bücher im Sortiment. Ob sich diese Titel denn nicht schwer verkaufen, frage ich die Frau an der Theke, die neben Büchern auch Biobrot und Kaffee anbietet. Fast habe ich den Eindruck, als verstehe sie meine Frage nicht. »Doch, doch, gerade die anspruchsvollen Titel gehen gut, vielleicht, weil in diesem Viertel ziemlich viele Intellektuelle wohnen.« Im ersten Stock werden Veranstaltungen und Lesungen durchgeführt. Nachdem ich mir dort einen Film über den Lyriker Luo Fu angesehen habe, der in einem Militärbunker sein Lebenswerk *Death in a Stone Cell*[21] schuf, liegt etwas Leichtes, Beschwingtes in der Luft.

Mangasick ist ein Untergrund-Comicladen, und das ist wörtlich zu nehmen. Es sei der erste dieser Art in Taiwan, sagt Emily. Er ist nicht einfach zu finden, kein Schild über oder neben der Tür, nur ein Aufkleber auf dem Briefkasten. Steil geht es eine sehr schmale, sehr dunkle Treppe hinunter ins Untergeschoss. Schuhe ausziehen, Mundschutz überstreifen, dann weiter durch eine kleine Galerie, dahinter der Verkaufsraum mit einem großen Tisch in der Mitte und darauf prominent Art Spiegelmans *Maus*. Daneben japanische Comics und die taiwanische Comic-Zeitschrift *Monsoon*, auf der anderen Seite jede Menge Zines, mal genäht, mal nur gefaltet, geklebt. Die Graphic Novels haben ein eigenes Regal. Viele Leute drängen sich gerade abends und an den Wochenenden um den Tisch in diesem viel zu kleinen Kellerraum, was mich für den Besitzer freut. Er verdient sein Geld mit Übersetzungen englischer und japanischer Prosa, weil mit dem Verkauf von Comics kein Lebensunterhalt zu bestreiten sei, wie er ein wenig beschämt erzählt.

Dass spezialisierte Buchhandlungen durchaus funktionieren, zeigt sich etwa in Shishenghuo (poetisches Leben). Hier wird ausschließlich Lyrik verkauft, hauptsächlich aus Taiwan und Hongkong, weil das Ehepaar, das die Buchhandlung führt, aus Hongkong stammt. Im Vergleich zu anderen Buchhandlungen, die einen Non-book-Anteil von zehn bis fünfzig Prozent haben, sieht man hier so gut wie keine buchfernen Objekte, dafür aber Gedichte auf Postkarten, »um es den Leuten einfacher zu machen, auch mal ein Gedicht zu lesen«, sagt die Inhaberin, und viele Zines, in denen Wort und Bild kombiniert werden. Gerade die kleinen Heftchen seien oft innerhalb eines Monats ausverkauft.

Zwar verschwinden laut Statistik immer mehr Buchhandlungen, und nicht überall, wo Buchhandlung draufsteht, ist auch eine Buchhandlung drin; einmal sehe ich Gemüse und Drogeriewaren ausgestellt. Doch man tue einiges, um die unabhängigen Buchhandlungen zu unterstützen, sagt Michelle Tu von der Buchmesse Taipei. Neben finanziellen Zuschüssen gebe es eine Messe für alle unabhängigen Buchhandlungen, einen Stadtplan, auf dem diese Buchhandlungen eingezeichnet sind, eine Website mit Hinweisen auf Veranstaltungen, Rezensionen, Schwerpunktthemen.

Buchhandlungen sind in Taipei offenbar tatsächlich lebendige Kulturknotenpunkte. Diese Entdeckung ist wie eine leise Freude.

Corona

Im April 2020 werde ich von Freunden um einen Lagebericht gebeten. Ich schreibe etwas.

Auf dem Weg zur U-Bahn komme ich jeden Morgen an einer langen Schlange vorbei. Die Menschen stehen für Gesichtsmasken an. Je nachdem, ob die letzte Nummer im Pass eine gerade oder ungerade Ziffer ist, kann man an dem einen oder anderen Tag in einer Apotheke mit der Krankenversicherungskarte die Masken zu einem subventionierten Preis kaufen, drei Masken zu umgerechnet sechzig Cent. Wer nicht so lange und womöglich vergebens anstehen möchte, weil die Masken ausverkauft sind, kann auf einer Website[22] nachsehen, welche Apotheke wie viele Masken auf Lager hat. Dies initiierte die Digitalministerin Audrey Tang mit ihrem Team, weshalb sie von der Bevölkerung fast ebenso verehrt wird wie der Gesundheitsminister Chen Shih-chung, für den sogar Skulpturen wegen seines professionellen Krisenmanagements geschaffen werden.

In der U-Bahn gelten seit dem 1. April 2020 verschärfte Regeln. Am Eingang informiert ein Schild darüber, dass das Transportunternehmen keine Passagiere mitnimmt, deren Körpertemperatur 38 Grad übersteigt – was aber niemand kontrolliert –, und dass alle Passagiere Mundschutz tragen müssen. Bei Zuwiderhandlung muss mit einer Geldstrafe bis umgerechnet 450 Euro gerechnet werden – bei einem monatlichen Durchschnittsgehalt von etwa 1200 Euro.

Die Museen sind geöffnet. Im Museum für Gegenwartskunst wird am Eingang die Körpertemperatur gemessen, man muss sich die Hände desinfizieren, den Mundschutz überstreifen und ein Formular ausfüllen, in das man seinen Namen einträgt, seine Telefonnummer, und per Unterschrift versichert, dass man keine Symptome hat und auch in den letzten vierzehn Tagen nicht im Ausland war. In fast allen Einkaufszentren steht am Eingang Desinfektionsmittel. Trägt man keinen Mundschutz, wird man höflich dazu aufgefordert.

Die Universität hat eine Verordnung erlassen, wonach jeden Morgen die Temperatur zu messen und diese in einen digitalen Tagespass einzutragen ist; dieser muss am Eingang vorgezeigt werden. Der Pass wird aber nicht richtig kontrolliert; auch haben einige ausländische Studierende offensichtlich Probleme beim Herunterladen des Tagespasses. Am Eingang steht ein Temperatursensor, der warnend aufblinken würde, wenn die Körpertemperatur eines Besuchers 38 Grad und mehr beträgt.

Die Regierung handelt flexibel und erlässt Maßnahmen je nach Anzahl der Infizierten. Schulschließungen und Lockdown werden zwar von der KMT-Opposition gefordert und auch von einigen Experten, doch die Regierung hält sich zurück, weil sie die Folgen scheut. Vor allem kleinere Läden sind bereits im April 2020 finanziell stark angeschlagen – da befindet sich Taiwan im Corona-Monat vier des Jahres 2020 –, sodass Gutscheine verteilt werden, um den Konsum anzukurbeln. Diese Gutscheine kann man auch Arbeitsmigranten aus Ländern wie Indonesien und den Philippinen spenden, da diese Bevölkerungsgruppen, die ohnehin am Rand des Existenzminimums leben, von den Corona-Maßnahmen besonders stark beeinträchtigt sind. Die prekären Existenzen trifft es wie anderswo auch hier besonders hart.

Effizient ist das Contact-Tracing. Die Quarantäneregeln werden in Taiwan streng befolgt, wenn man überhaupt noch ins Land gelassen wird. Die Quarantäne erfolgt in bestimmten dafür vorgesehenen Hotels auf eigene Kosten, und wer sich an die Regeln hält, bekommt dreißig Prozent der Kosten wieder erstattet. Die Mobilfunkkontakte werden in dieser Zeit überwacht. Wer sich um den Datenschutz sorgt, kann eine befristete SMS-Karte erwerben, die er nach der Quarantäne entsorgt, erklärt der Reporter Klaus Bardenhagen.[23] Eine Corona-App wurde vom Parlament Ende April 2020 aus Datenschutzgründen nicht genehmigt.

Das Kreisen der Gedanken, in dessen Mitte der Virus, ein Wirbel von Informationen und Meinungen. Das Kreisen läuft ins Leere, nur ein trübes schlammiges Nichts. Ich nehme mir vor, keine Nachrichten mehr über den Corona-Virus zu lesen. Und doch geistern sie nachts durch meinen Schlaf, ermüden mich tagsüber, und immer wieder ertappe ich mich dabei, in dieses Kreisen abzugleiten.

Ein Jahr später ist die Lage eine andere. Mit der steigenden Infektionszahl im Mai 2021 – die mit mehr als dreihundert Infizierten pro Tag den Höchststand erreichen – werden die Maßnahmen Tag für Tag verschärft und erst ab Mitte Juli – mit Inzidenzen von unter zehn pro Tag – Schritt für Schritt wieder gelockert. Verschärft ist die Lage auch, weil Taiwan international isoliert ist und aufgrund von chinesischem Druck nur ungenügend Impfstoffe erwerben kann. Japan schickt Taiwan 1,24 Millionen Impfdosen. Als auch die USA Taiwan Impfdosen übergeben will, lässt China verlautbaren, dass es nach Wegen suche, solche Geschenke zu unterbinden, die eine Einmischung in interne Angelegenheiten bedeuteten. Auch der innenpolitische Druck wächst; die Oppositionspartei KMT wirft der Regierung schlechtes Krisenmanagement vor, weil sie keinen Impfstoff aus China kaufen will. Taiwan konnte in der Situation seine Halbleiterindustrie ins Spiel bringen,

Chips gegen Impfstoff. Die USA wollten beispielsweise ursprünglich 750 000 Dosen Moderna spenden und verdreifachten dann die Menge.[24]

Laut den Medien und den Informationen, die mich aus dem Internet erreichen, ist der Alltag wechselhaft. Restauranttotalschließungen wurden nach ersten Protesten wieder zurückgenommen, weil viele Wohnungen in Taipei zum Beispiel keine Küche besitzen. Take-away wurde dann wieder erlaubt.

Märkte werden nach den Nummern der Stände reguliert; ist die Zahl gerade, darf ein Stand an einem Tag öffnen, am anderen öffnen dann die mit den ungeraden. Dasselbe gilt für die Besucher; auch ihnen wird der Zutritt je nach gerader oder ungerader Endziffer ihrer Personalausweisnummer gewährt.

Für Unruhe und Protest sorgen die überfüllten Arbeiterwohnheime, anfällig für erhöhte Ansteckungsgefahr. Den Arbeitsimmigranten in Miaoli beispielsweise wird nur noch der Gang zur Arbeit erlaubt, obwohl die nicht erlaubt ist und es keine Ausgangssperre für die Bevölkerung gibt. Solange diese Arbeiter elektronische Teile herstellen, die für die Halbleiterindustrie essenziell sind, macht die Regierung Ausnahmen, schreibt Blogger Brian Hioe.[25]

Die Regierung schreckt davor zurück, einen harten Lockdown zu verhängen. Die erfolgreiche Strategie beim Pandemiemanagement beruhe auf diversen flexibel eingesetzten Maßnahmen und sei nicht auf die vermeintlich »gehorsameren« Taiwaner zurückzuführen, erklärt Lee Chun-yi, Professor an der Universität Nottingham, im Mai 2021 in einem Online-Diskussionsforum zu den unterschiedlichen Strategien verschiedener Länder im Umgang mit der Pandemie. Digitalministerin Audrey Tang hat sämtliche digitalen Kanäle aktiviert, um mit der Bevölkerung direkt zu kommunizieren. Entsprechendes ließe sich leicht auch in Ländern umsetzen, die finanziell weniger gut ausgestattet seien als Taiwan.

So wird die Bevölkerung während der Corona-Krise 2020 und 2021 täglich über die neuesten Entwicklungen informiert. Die Maßnahmen werden stets nachvollziehbar und ausführlich erklärt, und die Bedürfnisse der Bevölkerung werden ernst genommen. Dass Taiwaner nur mit einer Person aus demselben Haushalt spazieren gehen dürften, wäre unvorstellbar. Zahlreiche Mitglieder der Entscheidungskommission sind Ärzte oder haben einen medizinischen Hintergrund. In ihr versammelt sich geballtes Know-how; es werden nicht nur einzelne Virologen oder Epidemiologen gehört.

Datenschutz wird durchaus ernst genommen. Was passiert mit den Daten, die während der Quarantäne erfasst werden, mit dem digitalen Fußabdruck, dem erstellten Bewegungsmuster? Zu jeder Maßnahme, die getroffen wird, werden sogleich die legalen Rahmenbedingungen erläutert; zum Beispiel müssen sämtliche Daten nach dem Ende der Pandemie gelöscht werden, und jeder Bürger kann dieses Recht einklagen.[26]

Taiwaner sind keineswegs pflichteifriger, aber der gesellschaftliche Druck scheint mir in diesem auf sich gestellten Land vielleicht höher als anderswo. Trägt jemand keinen Mundschutz, wird er oder sie auf offener Straße angesprochen. Selbstisolation nach einer Auslandreise oder nach dem Besuch eines Nachtmarkts ist zwar freiwillig und wird empfohlen, doch der Familien- und Freundeskreis kann gehörig Druck ausüben, erzählt mir Emily. Sie schickt mir Fotos von leeren Straßen und fast leeren U-Bahnen. Das war im Jahr zuvor noch undenkbar. Sie arbeitet nun von zu Hause aus, doch ihr ist langweilig, sie stöhnt. Die vielen Online-Konferenzen ermüden sie.

Serena, die mir bei so vielem geholfen hat, schimpft, dass ihre Familie ihr nicht einmal erlaube, ein Puzzle zu kaufen, wo doch das Geschäft unten im Erdgeschoss sei; sie habe ihr einziges Spiel schon gefühlte hundert Mal zusammengefügt! Sie sei trotzdem runtergegangen, weil ihr die Decke des Zimmers, das sie mit ihrer Schwester teile, auf den Kopf falle. Seit dem Puzzlekauf spreche sie kein Wort mehr mit ihr.

Und die Tänzerin F. sagt im Video-Chat, endlich habe sie einmal Zeit, nichts zu tun.

Nach Corona

Eine Treppe führt hinunter in den Keller der Jazz-Bar in Taipei. Der Raum kommt mir vor wie vor dreißig Jahren, als ich in ebensolch obskurem Licht in Ginza an einer Theke stand.

Ein vierköpfiges Jazz-Ensemble auf der Bühne. Sieben im Publikum.

Die Zeit danach hat begonnen.

Chrysanthemen

Blassgelb, ein wenig fad, wachsen sie häufig auf europäischen Friedhöfen, während sie in Ostasien dem langen Leben und in Japan dem Kaiser vorbehalten sind. Aber wieso sollten sie in meinen Notizen vorkommen?

Als meine Qigong-Lehrerin an einem besonders schwülen Tag empfiehlt, Blüten der Chrysantheme aufzukochen, einmal, mehrmals, um mit dem Tee die innere und äußere Feuchtigkeit einzudämmen, möchte ich sie mir besorgen. Die gebe es überall, sagt sie. Aber es ist gar nicht so einfach. In keinem Kaufhaus, keinem Supermarkt, keinem Drogeriemarkt finde ich sie. Schließlich bekomme ich sie im kleinen Lebensmittelladen unten im Haus, der vollgestellt ist mit Eierschachteln, Kisten mit Fertignudeln, Reis, getrockneten Pilzen. Auf meine Frage nach *júhuā* quert die Besitzerin ihren kleinen Laden und greift nach einer handgroßen Plastikdose mit getrockneten Blüten.

Feucht und kalt ist mir zwar noch immer, aber die Tage werden von nun an ein wenig leichter in den regenschweren Monaten April und Mai.

Drachenboot

Unten beim Flusstempel sehe ich ein rotes Banner. Wer mitmachen möchte in einem Drachenbootteam, soll am Samstag um sechs Uhr in der Früh kommen.

Ich stelle den Wecker auf 5 Uhr 30. Im Morgengrauen sehe ich ein paar Männer unter dem Vordach eines Schuppens, die Schwimmwesten überstreifen. Auf das Banner angesprochen, meinen sie, der Aushang richte sich nur an Studenten. »Das steht aber nicht drauf«, sage ich leise. Einer hat Nachsicht, *shì shi kàn*, ausprobieren und schauen; ausnahmsweise dürfe ich heute einmal mitpaddeln. Offenbar stelle ich mich nicht allzu ungeschickt an, denn nach dieser ersten Stunde in einem Drachenboot wird mir angeboten, *temporary member* zu werden. Das bedeutet: Mittwoch um fünf Uhr aufstehen, Samstag und Sonntag um halb sechs. Ich muss wahnsinnig sein.

Wochenlang geht es erst einmal um Technik, meine langen Jahre als Kajakfahrerin nützen mir hier nichts. Den Oberkörper weit nach vorn beugen, das Ruderblatt in einem kleinen Kreis aus dem Wasser ziehen, dann nach vorn schwingen. Dabei muss die Hand eine Faustbreit über dem Ruderblatt den Schaft packen, schließlich das Ruderblatt im Wasser bis zum Oberschenkel kraftvoll durchziehen. So geht es vor und zurück und auf und ab, nie ist es gut genug. Nicht immer verstehe ich, was die Männer vorn und auch in der Mitte an Paddelschlaganweisungen durchgeben;

die Frauen sagen nichts. Überhaupt sind Frauen in dieser eher traditionellen Sanjiaodui-Mannschaft in der Minderzahl.

Einmal rammt das Boot beinah den Brückenpfeiler, weil die Ruderschläge des Teams und des Steuermanns nicht zusammenpassen. Der Älteste in der Drachenbootgruppe ist unzufrieden, er brummelt, ich verstehe ihn nicht, merke aber, dass er mit den Vorgaben des Trainers nicht einverstanden ist. Dann geht es weiter. Er denkt sich seinen Teil, ich des Unverständnisses wegen den meinen.

Wenn wir im Morgendunkel lospaddeln, rudert draußen schon ein Wettkampfteam mit einer Lampe am Bug. Wendet das Boot, geht die Sonne über dem Fluss und den drei Schnellstraßen auf; die Spitze des 101-Tower durchsticht die Wolken. Und noch ein wenig später, als sich der Tag von der Nacht trennt, schnellt ein Fisch aus dem Wasser, taucht ein, einen Meter weiter vorn springt er wieder klitschend aus dem Fluss. Dieses Aufbäumen und Eintauchen wiederholt sich eine ganze Weile. Vor allem an den Tagen, wenn das Wasser weniger schmutzig ist, sehen wir Fische.

An anderen Tagen sticht das Ruderblatt schwer ins ölfleckige Wasser. Ein Motorradhelm mit einer leeren Bierbüchse schaukelt vorüber, ein halb zerfetzter, halb verwester Fisch wölbt sich, später treiben noch mal drei Fische bäuchlings vor sich hin.

Manchmal stinkt das Wasser so sehr, dass ich würgen muss. Wegen der Hitze, des mangelnden Sauerstoffs? Wegen der Abwässer, die Fabriken noch immer illegal in die Flüsse einleiten? »Früher war es noch schlimmer«, lachen die anderen.

Beim Paddeln habe ich immer ein Rauschen im Ohr. Nicht vom Wind, der bei Flut das Wasser den Jilong-Fluss hochtreibt. Auch nicht vom Meer. Nur vom Straßenverkehr. Manchmal lassen wir uns treiben, unter einer Wasserleitung durch, unter den Schnellstraßen, unter der Chengde-Brücke.

Eines Morgens sind mehr Linkspaddler an Bord. Da werden kurzerhand zwei schwere Steine auf die rechte Seite gelegt, damit das Gewicht einigermaßen ausgeglichen ist. Ein andermal steht ein Mann im Kopf des Drachens, hinter ihm die Silhouette des Yangmingshan, ein langer, gezackter Bergrücken, an dessen Flanken sich weiße Wolken reiben. Die Ruderbefehle klingen wie ein Lied zum Aufbruch.

Eines Morgens kann ich mich kaum aufraffen. In der Nacht hat es geregnet, die Straße glänzt nass, noch immer klackern die Tropfen aufs Dach. Im Boot wird Wasser stehen, denke ich. Soll ich, soll ich nicht? Ich lege mich wieder hin, stehe kaum eine Minute später auf, ziehe mich rasch an. Der Wind ist ein wenig schwächer als sonst und kommt von Norden, die Berge sind nebelverhangen, ein Vogelzug am Himmel, langgestreckte Hälse Richtung Autobahn. Die Kräuselungen auf der Oberfläche des Wassers stammen von den Drachenbooten, die sich vor uns wie schwerfällige, vielfüßige Schildkröten ruckartig voranschieben.

Wie ruhig der Fluss im Regen ist! Wie nass wir alle sind, aber keiner murrt. Wie still die Männer nach dem Training durch einen Strohhalm Sojamilch saugen. Andächtig sitzen wir einfach nur da, sehen hinaus in die Morgendämmerung, schauen dem Regen zu.

Weil ich mich offenbar nicht allzu schlecht anstelle, werde ich gefragt, ob ich Lust habe, im Juni am Internationalen Drachenbootrennen teilzunehmen. Aber immer, wenn ich meine, Rhythmus und Tempo, Rudern und Wasser, alles sei nun eins, ist es doch nicht genug. Drachenbootfahren ist Teamarbeit, die kleinste Ungenauigkeit zerruckelt den Rhythmus. Das Rennen soll jedoch gewonnen werden. Überhaupt ist immer öfter von diesem Wettbewerb die Rede, von fünfhundert Metern, trainiert werden aber immer nur achtzig bis hundert Paddelschläge. Die Stimmung ist zunehmend gereizt, der Älteste wird immer mürrischer. Zudem zeichnet sich ab, dass aufgrund von Corona aus dem Internationalen Drachenbootrennen ein nationales wird. Weniger Boote werden an den Start gehen, und Startplätze fallen weg. Bis zuletzt gibt es mehr Angemeldete als Plätze auf den drei Booten, die Sanjiaodui ins Rennen schickt, statt vier wie in den Jahren zuvor.

Eines Morgens kraxeln plötzlich ein paar ältere Frauen und Männer aus einem Boot, das schon ablegen will, und gehen in ein kleineres, winken mir zu, dass ich ihnen folgen soll. Kaum sitzen wir, geht ein Schnattern los, das nicht mehr aufhören will, das ich nicht verstehe, weil sie sich auf Taiyu unterhalten, eine der Landessprachen Taiwans. Irgendetwas muss vorgefallen sein. So ist es, wenn man nichts versteht, die ungeschriebenen Regeln nicht kennt und man einfach mitmacht und hofft, dass sich einem das Ganze irgendwann irgendwie erschließt.

Schon in der ersten Ruderpause geht das aufgeregte Schnattern wieder los. Jetzt frage ich nach. Da platzt es aus allen gleichzeitig, dass so kein Üben sei, wenn immer nur zehn, zwanzig, fünfzig und achtzig Ruderschläge trainiert werden, beim Wettkampf aber mindestens zweihundertfünfzig bis dreihundert, je nach Strömung, gemacht werden müssen, nie werde das richtig trainiert, kaum hätte man mit Rudern begonnen, höre man schon wieder auf damit, auch das Starten sei völlig falsch, drei kurze Schläge, dass das Boot schwanke, aber keine Fahrt aufnehmen könne, die auf den vorderen Plätzen müssten den Takt angeben, könnten es jedoch nicht, würden auch nicht vom Trainer korrigiert und überhaupt und auf und ab und tief und hoch schaukeln die Stimmen an diesem Morgen.

»Aufstand also«, werfe ich lachend ein.

Egal, sie hätten schon bei so vielen Wettbewerben mitgemacht, auch internationalen. Und der Älteste habe schließlich viele Jahre internationale Mannschaften trainiert. »Jetzt machen wir es endlich mal richtig.« Die Alten rebellieren gegen die Jungen. In so einem Boot bin ich also heute gelandet. Ich muss schmunzeln.

Zwei Wochen vor dem Rennen sitzt das erste Mal eine Trommlerin vorn im Bug. Die Luft bebt, als wir unter einer Brücke durchfahren. Wie wird es sein, wenn sich viele Boote nebeneinander von diesem dumpfen und doch hitzigen Trommelton antreiben lassen? Wenn die ganze Luft, das Wasser, wenn alles bebt, das Paddel in bebendes Wasser sticht, dass einem am Ende die Arme davon vibrieren?

Eine Frau aus dem Organisationsteam des Drachenbootrennens kommt vorbei, macht Fotos, schwört uns auf den Wettkampf ein. Im Chor werden bestimmte Sätze skandiert und die Paddel in die Luft gestreckt. Fast komme ich mir vor wie zu besten kommunistischen Zeiten in der Volksrepublik China und tue nicht mit. Auf dem Fluss treibt ein Baumstamm vorüber, ein Reiher sitzt darauf und sieht uns unbewegt zu.

Dann aber, am Tag des Rennens, eine Entscheidung in allerletzter Minute: Ich darf nicht mitpaddeln. Da wird auch schon den drei Sanjiaodu-Mannschaften in ihren knallig blau-gelb-orangenen T-Shirts beim Einmarsch applaudiert. »Ja, wir gelten hier etwas, sind berühmt«, sagt eine Frau stolz zu mir. So lässig ich die Wettkampfbemühungen im Vorfeld abtat, so kann ich nun nichts gegen die Welle aus Traurigkeit und Frustration tun. Mir geht die Kritik durch den Kopf, das eigene Ungenügen steht mir vor Augen; ich werde weder schlau aus der Entscheidung noch aus meinen Gefühlen. Eine andere Frau hat es ebenfalls getroffen, die im ersten Moment genauso fassungslos dreinschaut, bald aber mit zwei Erklärungen zu mir kommt. »Lassen wir die Jungen vor! Die haben noch nie an einem Wettbewerb teilgenommen. Dieses Jahr fällt der Wettbewerb wegen der Corona-Maßnahmen eben kleiner aus, deshalb.« Dennoch ist das Murren und das Unverständnis auch bei zwei älteren Männern groß, als auch sie ausgeschlossen werden.

Am Nachmittag kommt der Trainer auf mich zu, sagt leise zu mir, ich solle beim nächsten Rennen mitmachen, geht wie zufällig zu einer Frau, die sich gerade aufwärmt, sagt auch zu ihr etwas, woraufhin sie sich zurückzieht. Insgeheim freue ich mich und habe ein schlechtes Gewissen. Ich stelle mich zu den anderen, nutze aber einen Moment, um mich bei der nun Aus-dem-Boot-Geworfenen zu entschuldigen. Doch schon kommt der nächste Dämpfer: Vor der gesammelten Mannschaft ermahnt mich der Trainer, ich solle mich nur ja tief genug beugen und an den vor mir Sitzenden orientieren.

Ich halte mich also an die Vorderfrau, die mal erlahmt, mal an Tempo zulegt, sich keineswegs an dem Tempo der Ruderer vor ihr orientiert; ich habe sie noch nie bei einem Training gesehen. Da verliert das Boot an Fahrt, es tobt und schreit um mich herum, Paddel schlagen aufeinander, Holz auf Holz – und Jubel, von dem ich nicht weiß, wem er gilt. Erst als ich mich umschaue, ist klar: Wir haben gewonnen! Laut sind die Zurufe vom Land, dann das Abklatschen beim Gang durch ein Spalier, die Ermunterungen, denen ich nach all dem Vorgefallenen, den Sticheleien, dem Gemurmel in den letzten Wochen nicht traue. Zurück am Platz, sagt der Älteste: »Habe dich gesehen, war ganz in Ordnung.« Fast ein Lob.

Ich gehe zurück zu meinem Rucksack, werde gefragt, wie das denn mit dem Paddel gewesen sei, man habe beobachtet, wie meines mit einem anderen zusammengestoßen sei, wer sei daran schuld gewesen, das habe man sich gefragt … Und so weicht das kurze Glücksgefühl einer weiteren Enttäuschung über diesen Tag.

Den ganzen Wettbewerb gewann ein Team der indigenen Ami aus Yilan. Die Ami fielen mir auf, nicht nur weil sie sich für den Tag ganz in Gelb gekleidet hatten, sondern weil sich ihre stämmigen und sehnigen großen Körper ruhig und unaufgeregt durch die Menge schoben. Aber nicht deshalb hätten sie gewonnen, sondern weil sie jeden Tag trainieren würden, erklärt man mir. Zählt nur der Fleiß?

Unerklärlich ist mir, wie die Trainer denken, wie die Animositäten funken. Am nächsten Morgen bietet mir ein älterer Paddler ein Privattraining an, weil ich doch nur noch vier Wochen hier sei. Mit Logik und nach wissenschaftlichen Prinzipien wolle er mir die korrekte Paddeltechnik zeigen.

»Deine Bewegungserklärungen leuchten mir allesamt ein«, sage ich.

»Sie sind auch logisch, aber keiner hört auf mich.«

»Bei jeder Bewegung könnte ich dir sagen, welcher Trainer genau das Gegenteil empfiehlt.«

»Ja, weil sie nicht wissenschaftlich vorgehen.«

»Wer hat denn das Sagen?«

»Die, die mal irgendwo mit ihrem Team eine Medaille gewonnen haben.«

»Und wie es ist mit dem Ältesten?«

»Welchem Ältesten?«

»Na der, mit dem ich immer ganz hinten sitze. Trainiert der anders?«

Als er versteht, wen ich meine, schweigt er. Schließlich sage ich zu ihm, es sei durchaus alles nachvollziehbar, was er erkläre, nur bei der Umsetzung hapere es eben bei mir. Er lässt mich einige Ruderschläge vormachen, sieht die Probleme, gibt bald auf und sagt, ich solle ihn filmen und mir das Video dann zu Hause anschauen. Er habe lange überlegt, was er mir zum Abschied schenken solle, einen Kuchen vielleicht, der wäre aber schnell aufgegessen, von so einer Filmaufnahme könnte ich jedoch noch lange profitieren.

Ehebruch

Erleichterung und Aufschrei – im Juni 2020 wird ein Gesetz abgeschafft, das Ehebruch unter Strafe stellt. Ein Land wie Taiwan, das 2017 als eines der ersten Länder Asiens die Ehe für alle eingeführt hat, stellt als eines der letzten weltweit noch immer Ehebruch unter Strafe? In den Medien herrscht Einhelligkeit, dass dieser Schritt längst überfällig gewesen sei.[27] Doch mehr als die Hälfte der Bevölkerung steht laut diverser Umfragen hinter dem Gesetz, denn es schütze die Ehe und sorge für Harmonie in der Familie, zumal die Scheidungsrate steigt, während immer weniger geheiratet wird.

Diese Diskussion zeige, wie die taiwanische Gesellschaft funktioniere, sagt mir eine Autorin. Sie erzählt von ihrer Mutter, die jahrelang den Vater von einem Detektiv beobachten ließ und die Tochter zwang, die Fotos des Detektivs mit ihr zusammen anzusehen; manchmal habe sie sogar die Mutter bei deren Beobachtungsgängen begleiten müssen. Sie führt dieses Verhalten auf das Gesetz zurück.

Wurde jemand in flagranti ertappt, und das wurde amtlich, wurde das Paar, in den allermeisten Fällen die Konkurrentin der betrogenen Ehefrau, mit einer Buße oder sogar einer Gefängnisstrafe bis zu maximal einem Jahr – die aber meistens in eine Geldstrafe umgewandelt wurde – bestraft und erhielt einen Eintrag ins Strafregister. Schläft also beispielsweise ein Dozent mit seiner Studentin, muss sie nicht nur mit Scham und Schande rechnen, sondern auch noch mit der Klage seiner Ehefrau. Einem Mann wird es in der zum Teil noch immer stark konfuzianisch-patriarchalisch geprägten Gesellschaft im allgemeinen großzügig nachgesehen, wenn er eine Geliebte hat. Noch immer gelte eine Geliebte als Statussymbol, die der Mann als Gegenleistung mit teuren Kleidern ausstaffieren müsse, sagt Chi-Jing, Kleiderverkäuferin.

Menschenrechtsaktivisten und Rechtsanwälte plädieren schon seit Jahren für die Aufhebung des Gesetzes. Ursprünglich war es zum Schutz der betrogenen Frau gedacht, doch richtete es sich gegen die Geliebten der Männer.

Das Gesetz verhinderte eigentlich keinen Ehebruch, sondern führte zu absurden Verhaltensweisen, um außereheliche Affairen geheim zu halten. »Eine Freundin von mir schläft zum Beispiel gelegentlich mit ihrem ersten Freund. Danach rennt der zum Fitnesscenter, weil er seiner Frau sagt, dass er ins Training gehe, und die riecht dann an seinen Kleidern, wenn er nach Hause kommt«, erzählt mir Laura, Verkaufsleiterin in einem internationalen Unternehmen. Manche Männer sind auch nicht ehrlich und verheimlichen der Begehrten, dass sie verheiratet sind. Aber auch dann hat das Nachsehen die Frau, wenn sie plötzlich von der Gattin angezeigt wird.

Die Leute gelangen manchmal mit illegalen Methoden zu Beweismaterial wie zum Beispiel dem heimlichen Filmen des Geschlechtsverkehrs, was vor Gericht nicht als Beweis zugelassen ist. Ich unterhalte mich darüber mit einer Juristin. Sie erklärt mir, dass es lange Zeit für Frauen unmöglich war, sich von ihrem Mann ohne bestimmten Grund scheiden zu lassen; deshalb habe man nach einer Geliebten gesucht, auch mit unlauteren Mitteln. Der Nachweis eines Ehebruchs ermöglichte der Frau zudem, bei einer Scheidung mehr Geld vom Mann und das Sorgerecht für die Kinder zu erhalten, das vor 2005 noch automatisch der Mann bekam.

Die ehemalige Aktivistin Y. erzählt von einem Vorfall, der sich jüngst zugetragen hat und Auslöser gewesen sein soll, das Gesetz abzuschaffen. Eine Frau aus einer gleichgeschlechtlichen Ehe klagte einen Mann an, weil ihre Frau ein Verhältnis mit ihm hatte. »Da trat dann der seltene Fall ein, dass ein Mann verurteilt wurde.«

»Am Tag, als dieses Gesetz abgeschafft wurde, öffnete ich zusammen mit einigen Freundinnen eine Flasche Champagner«, erzählt mir Laura. »Ist es nicht lächerlich, per Gesetz verhindern zu wollen, dass ich meinen Mann mit einem anderen betrüge – was ich natürlich nie tun würde?«

Eier

Wenn ich aus dem Haus trete oder nach Hause komme, beobachte ich immer wieder Frauen und Männer, wie sie in dem kleinen Lebensmittelgeschäft unten ein Ei nach dem anderen aus dem Karton nehmen, es hin und her drehen, manchmal ans Ohr halten, dicht vor die Augen.

Später lese ich vom Eierskandal im Jahr 2017. Auf sechs Hühnerfarmen wurden mit Dioxin verseuchte Eier entdeckt.[28] Und die Verwendung von verschmutztem Speiseöl in Restaurants und andere Lebensmittelskandale hatten mit für einen Regierungswechsel gesorgt, weil die Bevölkerung das Vertrauen in die KMT-Regierung verloren hatte. Diese hatte über Jahrzehnte Skandale vertuscht.

»Wie kann man einem Ei von außen ansehen, ob es gut ist?«, frage ich meine Mitbewohnerinnen.

Das könne man durchaus. Die Form, auf die käme es an, die müsse vollkommen sein, oval, harmonisch. Und die Schale dürfe nicht zu dünn sein.

Braun oder weiß?, vergesse ich zu fragen.

Erdbeben

Ein Ruckeln, eine unmerkliche Bewegung, für Erdbebenunerfahrene ein Nichts, als drehe man sich im Bett, mehr nicht. Am Abend dann in den Nachrichten ein Riss, der durch den Asphalt zackt, Ladenbesitzer vor zerstörten Gebäuden. Bilder flackern über den Bildschirm in der Ecke, doch das Stimmengewirr in dem kleinen Imbiss an Dulans Hauptstraße ist zu laut oder die Sprecherin zu leise; ich verstehe sie nicht auf Anhieb und meine, es handle sich um einen Alarm, um eine Übung, um Beispiele, was bei einem Erdbeben passieren kann. Dann aber wird die Karte Taiwans eingeblendet, darauf die Orte und Linien, denen entlang das Erdbeben zu spüren war, und ein roter Punkt. Erst da erinnere ich mich an dieses leise Rütteln am frühen Morgen.

Nur wenige Hundert Kilometer von Taiwan weg schiebt sich eine Erdplatte über die andere. Die Insel liegt in einer der seismisch aktivsten Zonen der Erde, ist Teil des Pazifischen Feuerrings, der den Pazifik mit drei Vulkangürteln umgibt, an dessen Rändern die Erde bebt, aufreißt. Wind und Wasser ja, Taifune und Überschwemmungen, damit habe ich gerechnet. Auf den Straßen finden sich allenthalben Schilder, wo sich der nächste Unterstand befindet; oft sind es Schulen. Nur die Erdbeben hatte ich ausgeblendet, auch wenn sie häufig in der Literatur auftauchen, wie mir plötzlich bewusst wird. Bei Yang Mu zum Beispiel in dem Essay »Der Ursprung der Poesie«, in dem er die versehrte (Stadt-)Landschaft nachzeichnet, oder in der Graphic Novel *Son of Formosa*, die mit dem Erdbeben 1935 in Taichung beginnt. Jahrhundertereignisse werden eben literarisiert, habe ich beim Lesen gedacht. Nicht gerechnet habe ich mit sechs Monaten auf instabilem Boden.

Wissen und Spüren sind zweierlei. Da hilft auch die besänftigende Beruhigung sämtlicher Bekannter nicht, wenn ich ihnen auf der Wetter-App des Central Weather Bureau zeige, wo und wann die Erde wieder einmal gebebt hat.

»Das tut sie so oft.« Sie lächeln.

»Aber schau mal, fast 4 auf der Erdbebenskala!«

Nur ein Schulterzucken.

Von Amtes wegen werden die Erdbeben durchaus ernst genommen. Katastrophenszenarien liegen in jeder Schublade. Kinder lernen von klein auf, welche Sachen in eine Notfalltasche gepackt werden müssen. Selbst im Sprachlehrbuch der Universität ist eine Lektion zur Erdbebenvorsorge Pflicht: Was kommt in die Erbebentasche? Taschenlampe, Batterien, Seil, Trockennahrung … – so viel konnte ich mir merken. Wo soll man in einem Raum Schutz suchen? Vergessen. Dass viel Getier aus den Löchern kriecht, wenn sich ein Erdbeben ankündigt. Das oberste Gebot aber lautet: *lěngjìng*, ruhig bleiben, egal, was passiert.

Die Lehrerin gibt zu, als wir sie fragen, dass sie keine solche Tasche griffbereit zu Hause stehen habe. Auch in meinem Bekanntenkreis schütteln sie auf die Frage die Köpfe. Ist das *lěngjìng*?

Beim Errichten von Gebäuden gelten strenge Bauvorschriften, erklärt mir die Nichte meiner Gastfamilie in Dulan und klopft auf die steinernen Pfeiler des Balkons. In einem der höchsten Gebäude der Welt, dem 101-Tower in Taipei, hängt beispielsweise in den obersten Stockwerken eine tonnenschwere Stahlkugel, die den Schwankungen des Gebäudes entgegenwirken soll.

Immer wieder sterben Menschen, wenn der Boden wegbricht. 2018 gab es sieben Tote. Allein im Februar desselben Jahres wurden mehr als hundert Erdbeben registriert. 2016 gab es in der Stadt Tainan mindestens 49 Tote und mehr als hundert Vermisste, weil ein Hochhaus einstürzte; es war zu schlecht gebaut, der Bauherr wurde verhaftet. 1999 starben 2084 Menschen. Dieses Erdbeben ist in das Gedächtnis meiner taiwanischen Bekannten eingeschrieben. Jede meiner Freundinnen kann berichten, was sie damals zur Linderung des Leids der Opfer und zur Behebung der Schäden beigetragen hat.

So kann man immer weiter in die Vergangenheit zurückgehen. Ist die Geschichte dieser Insel die Geschichte ihrer Erdbeben? Wenn tektonische Platten sich ineinander verschieben, was für unglaubliche Mächte stoßen da aufeinander? Die Erschütterungen lassen sich nur schwerlich besänftigen, wie die Vergangenheit der Insel zeigt. Und so durchlässig wie das Gestein, so durchlässig ist auch Taiwans Gesellschaft, aus unterschiedlichen Erdschichten entstanden, an Versehrung leidend, und aus ihren Verwundungen setzt sie die Splitter zusammen und erfindet sich jedes Mal neu.

Einmal merke ich morgens noch im Halbschlaf, dass ich eine amtliche SMS erhalten habe. Sie ist rot, und ich bin hellwach. In der Nacht gab es ein mittelschweres Erdbeben. Als ich mich etwas später mit der Autorin Chen Yu-hui, die lange in Deutschland gelebt hat, zum Brunch treffe, erzähle ich ihr von der SMS, woraufhin sie sagt, dass sie ihretwegen die halbe Nacht nicht geschlafen habe.

Wir schauen aus dem Fenster im fünften Stock, draußen stelzen Hochhäuser in den verregneten Himmel, und jede überlegt vor sich hin, was tun, wenn nun das Licht ausgeht, der Strom ausfällt und die Aufzüge stillstehen, die Feuertreppe nicht zu finden ist …

»Was kann man tun?«, frage ich sie.

Sie schüttelt den Kopf. Nichts fürchte sie so sehr wie Erdbeben.

Man ist also gewappnet, rechnet mit schwankender Erde, flutenden Wassern und alles zerfetzenden Winden. Doch dieses Gewappnetsein ist porös, durchlässig, ohne Halt.

Glücklich bin ich jedenfalls, wenn die Erde nicht bebt.

Erdbeeren

Im Unterricht höre ich das erste Mal von der »gläsernen Generation«, in den Neunzigern geboren. Dünnwandig seien die Gemüter dieser jungen Leute, so meine Lehrerin; man könne ihnen nichts zumuten, sie hielten nichts aus.

Am Abend spreche ich mit Emily darüber. Ob es das Phänomen tatsächlich gebe. Sie lacht nur, schwenkt die Eiswürfel im Whiskey, ja, empfindsam seien sie, wie Erdbeeren. »Weißt du, wenn Erdbeeren nur einen kleinen Stoß abbekommen, beginnen sie gleich zu faulen.« Verwöhnt, behütet, in Baumwolle eingepackt, damit ihnen nur ja nichts passiere.

»Tja, die Alten haben gut reden.»Die nehmen uns die Wohnungen und Jobs weg, und wir können uns abstrampeln, wie wir wollen, für uns gibt es kaum Perspektiven«, sagen meine beiden Mitbewohnerinnen.

Wilde Erdbeeren, wilde Lilien und Sonnenblumen – das sind die Namen dreier Protestbewegungen, sie prägten die jüngste Geschichte Taiwans und leiteten damit jeweils eine neue Epoche ein. Taiwan gilt als Vorbild, wenn es um Freiheit und Demokratie geht. Individualismus, Selbstverwirklichung und pluralistische Gesellschaft einerseits, asiatische Familienwerte und chinesische Tradition andererseits – im heutigen Taiwan werden sie nicht mehr als Gegensatz empfunden. Die Inselrepublik ist an sich ein Widerspruch zur verbreiteten Meinung, westliche Kultur und Demokratie seien mit der Kultur und Werten, wie sie in China hochgehalten werden, nicht kompatibel. Was aber macht die Stärke dieser Gesellschaft aus, woraus bezieht sie ihre Kraft?

Taiwan war schon vor der Inbesitznahme durch die Holländer im 17. Jahrhundert bewohnt, und zwar von unterschiedlichen Völkern austronesischen Ursprungs. Von diesen Ureinwohnern, die immerhin heute offiziell zwischen zwei und drei Prozent der Gesamtbevölkerung ausmachen, weiß man im deutschsprachigen Raum vermutlich ebenso wenig wie von der Kolonialisierung durch Japan, die erst 1945 mit der Kapitulation des Kaiserreichs beendet wurde, oder der Parteiendiktatur der Kuomintang (KMT), dem »weißen Terror« und dem fast vierzig Jahre andauernden Ausnahmezustand. Der Machtwechsel von einem Einparteienstaat hin zu einer lebendigen Demokratie, die Demokratisierung einer konfuzianischen Gesellschaft verlief ohne Blutvergießen. Der außenpolitische Druck war gleichwohl ein wichtiger Katalysator, denn Taiwan war nach der Annäherung zwischen den USA und der Volksrepublik China zunehmend isoliert, wurde 1971 von der UNO ausgeschlossen, womit die KMT zunehmend ein Legitimationsproblem bekam, behauptete sie doch aufgrund ihrer guten außenpolitischen Beziehungen den Alleinvertretungsanspruch über die Insel und rechtfertigte damit auch die Repressalien im Lande. Nun konnte sich die Regierung der Öffnung der Gesellschaft nicht mehr weiter verschließen.

Auf lokaler Ebene waren selbst unter der Militärdiktatur Wahlen möglich; politisches Engagement, wenngleich in engen Grenzen, wurde gefördert, was bald schon in breiteres gesellschaftliches Engagement mündete. Aus den örtlichen Bewegungen formierten sich im Laufe der achtziger Jahre Bürgerinitiativen, Umwelt- und soziale Bewegungen, die »Demokratisierung wurde zu einer Art außen- und sicherheitspolitischer Überlebensstrategie«,[29] konstatiert der Politikwissenschaftler Aurel Croissant.

Die Wilde-Lilien-Bewegung im März 1990, die erste große Studentenbewegung Taiwans, führte mit vielfältigen Protestformen und einem breiten Rückhalt in der Bevölkerung schließlich dazu, dass die KMT wichtige Reformen versprach. Es kam zu Neuwahlen und 1996 zum ersten frei und direkt gewählten Präsidenten, der laut über eine Unabhängigkeit Taiwans nachdachte – eine Provokation für die Volksrepublik China. Chinesische Bomben fielen unweit der Küste Taiwans ins Meer – das war keine leere Drohung. Lee Teng-hui, auch der erste Präsident, der in Taiwan geboren war, veranlasste ungerührt wichtige Verfassungsänderungen wie die direkte Wahl des Staatspräsidenten und verkündete das offizielle Ende des Ausnahmezustands, des Kampfs gegen die kommunistische Partei auf dem Festland und damit das Ende der Militärdiktatur.

Die Demokratie in Taiwan wurde Schritt für Schritt erkämpft. Niemand will und wird sie so einfach wieder aufgeben. Seit den Unruhen in Hongkong ist die Vorstellung von einem Land mit zwei Systemen überholt. Doch je mehr Demokratie in Taiwan möglich ist, desto größer die Kluft zwischen der Volksrepublik China und der Inselrepublik. Und desto stärker der Druck, den China ausübt.

2000 kam es zu einer friedlichen Machtübergabe der KMT an die Oppositionspartei DPP, was ohne die zahlreichen zivilgesellschaftlichen Gruppierungen nicht möglich gewesen wäre.

Im Jahr 2008 erhob sich die Generation der Erdbeeren, die Wilden Erdbeeren. Die Wilden Lilien waren ihr Vorbild. Sie nannten sich genauso wie die Lilien »wild«, wollten zeigen, dass sie sich durchaus für etwas einsetzen können – vielleicht wie die Hunde in Cheng Chiung-mings Gedicht »Ich bin kein braver Hund, ich weiß / Denn brave Hunde bellen nicht / In dieser pechschwarzen Nacht«.[30] Sie wehrten sich mit Demonstrationen und Sit-ins gegen die Annäherung Taiwans an die Volksrepublik China. Sie fürchteten weniger den Einfluss Chinas, sahen vielmehr die Eigenständigkeit Taiwans bedroht und damit Freiheit und Demokratie. Wenn auch konkrete Erfolge ausblieben und die Wilde-Erdbeeren-Bewegung mit unverhältnismäßig brutaler Polizeigewalt niedergeschlagen wurde, so ermutigte sie doch viele Bürger und Jugendliche, sich zu engagieren. In den folgenden Jahren agierte sie mit Witz, Humor und Charisma – die wirksamer sein können als Kugeln, schrieb Michael Cole, Journalist und Forscher in Taiwan.[31] Das Jahr 2011 wurde dann eines, in dem wegen der Präsidentschaftswahl 2012 und ein Jahr nach Fukushima einiges neu evaluiert wurde. Sensible Themen wie Nahrungsmittelsicherheit, ökologisch wenig sinnvolle Projekte – angefangen bei Atomkraftwerken an wenig erdbebensicheren Standorten bis hin zu petrochemischen Werken – kamen auf den Prüfstand, so die Taiwan-Expertin Simona Grano an der Universität Zürich.[32]

Als 2014 innerhalb von 36 Sekunden ein neues Freihandelsabkommen verabschiedet wurde, das China noch mehr Einfluss in Taiwan zugestanden hätte, demonstrierten 300 000 bis 500 000 Menschen gegen dieses Gesetz – das dürfte die größte Demonstration in der Geschichte Taiwans gewesen sein.

»Wir haben geahnt, dass etwas nicht stimmt, dass da etwas nicht mit rechten Dingen zuging«, erzählt die Journalistin Hedy Chiu. Sie erklärt mir, wie die Beeinflussung Taiwans durch chinesische Fake News funktioniert. »Ein riesiges Problem. Viele Zeitungen und die größten Medienunternehmen, auch Fernsehsender gehören chinesischfreundlichen Unternehmen. Vor allem ältere Menschen schauen fern und glauben, was sie sehen. Das führte während der Sonnenblumenbewegung dazu, dass manche Eltern ihre Kinder am liebsten aus der Wohnung geschmissen hätten, denn sie glaubten, dass ihr Nachwuchs studentische Unruhestifter seien. Die Parallele zu Hongkong ist unübersehbar.«

Die Studenten, die damals das Parlament 24 Tage lang besetzt hielten, wurden von ihren Kommilitonen mit dem Notwendigsten versorgt. Dabei entstand schließlich die Sonnenblumenbewegung, in der sich auch etliche Wilde-Lilien- und Wilde-Erdbeeren-Aktivisten engagierten. Der Name dieser neuen Bewegung rührte von der Übergabe einer großen Menge Sonnenblumen an das Parlament, worüber sogar westliche Medien berichteten.

In der Folge kam es 2016 erneut zu einem Machtwechsel. Tsai Ing-wen von der DPP, unterstützt von der Sonnenblumenbewegung, löste Präsident Ma Ying-jeou (KMT) ab. Sie setzt sich unter anderem auch für die Rechte der Ureinwohner zur Stärkung der taiwanischen Identität ein. Gleichzeitig ist ihre Politik geprägt von einer ungewöhnlichen Offenheit gegenüber sämtlichen Gruppierungen der Gesellschaft Taiwans. Und sie macht das Land zu einem Vorbild in puncto Emanzipation der Geschlechter, Anerkennung von gleichgeschlechtlicher Ehe – um nur zwei Beispiele zu nennen.

Es ist erstaunlich, wie mit Mitteln des zivilen Ungehorsams, mit Sit-ins, Sleep-ins als Zeichen gegen die exorbitanten Mieten und die Wohnungsknappheit, wie mit Liedern, T-Shirts, Slogans die Bevölkerung aktiviert werden kann[33] – auch mit anderen Inhalten, wie Simon Granos Ausführungen über die neue Generation von Umweltaktivisten belegen. Diese verzögerten beispielsweise 2013 den Bau einer Schnellstraße, die den Mangrovenwald in Tamshui zerstört hätte. Das sei ein perfektes Beispiel, wie Regierungen unter Druck gesetzt werden könnten, mit Pressemitteilungen an Medien, die die öffentliche Meinung beeinflussen, mit Konzerten, Lesungen, Sit-ins und Demonstrationen bei gleichzeitiger Ausschöpfung sämtlicher legalen Mittel – auch wenn die Aktivisten manchmal von Gangs bedroht werden, die mit Politikern und örtlichen Bauunternehmen unter einer Decke stecken, um deren Interessen zu verfolgen.[34]

Extrem

Exaltiertheit ist dieser Welt fremd. Der Himmel heischt nicht um unsere Aufmerksamkeit, ködert nicht mit spektakulären Wolken. Im schlechtesten Fall legt sich der Dunst wie Mehltau auf die Gemüter, unaufdringlich, unscheinbar, glanzlos.

Extreme seien generell zu meiden, warnt die chinesische Medizin, zu viel Freude und Glück ebenso wie tiefer Kummer und Verzweiflung. Der Mittelweg sei zu wählen, auf den allein komme es an. Sich bescheiden, beschränken soll man; von Übel ist, was Leidenschaft und Schmerz erzeugt – hierin trifft sich Arthur Schopenhauer mit der östlichen Gedankenwelt.

Doch hat Bescheidenheit in der westlichen Welt nicht an Ansehen verloren? Und ich merke einmal mehr, in der Gegenüberstellung von Ost und West komme ich nicht weiter.

Fahrradfahren

Seit Wochen, von Anfang an streiche ich um die youBikes herum, nehme meine beiden Fahrradunfälle und weitere Beinahzusammenstöße als Vorwand, um nicht zu fahren, traue dem Verfahren nicht, womöglich wird nur Geld abgehoben, die Fahrräder sehen schwerfällig aus, die Reifen sind nicht genügend aufgepumpt, was weiß ich. Bis ich es mir für ein Wochenende Anfang Juni fest vornehme, mich zu registrieren, das Fahrrad aus der Verankerung zu ziehen, fünf Minuten eine Runde zu drehen, einfach nur um zu sehen, ob es tatsächlich so einfach ist.

Taipei ist die fahrradfreundlichste Stadt Asiens schlechthin, youBike ein kundenfreundlicher Service. Mit der Easy-Karte, die man für den öffentlichen Verkehr braucht, können auch diese Fahrräder kostengünstig ausgeliehen werden. Ausleihstationen sind überall zu finden, wo man sie nicht sucht; aber es gibt auch eine App, die anzeigt, wo Fahrräder stehen und auch wieder abgestellt werden können. Kein Metallross, das Gehwege versperrt.

Als ich es ausprobiere, klappt wider Erwarten alles. Nur kleine Verzögerungen, ein unerklärliches Blinken der Registriermaschine, mehrere Lichtsignale an der Haltevorrichtung, dann lässt sich das Rad problemlos herausziehen.

Das Fahren mit dem Wind im Rücken ist ein Leichtes, hinauf auf den Damm, den Weg direkt am Fluss entlang, der Wind braust in den Ohren, die Reiher im Schlick, die Reisfelder und Tempel, die Berge, in Gewitterwolken versenkt. Vorbei an Schreinereien, ratternden Kieswerken, aufgebockten Booten. Ein Mann führt eine riesige Echse an der Leine spazieren, Leute füttern Tauben vor dem Guandu-Tempel.

Ein Glucksen im Hals, ein Glück – und elf Kilometer nur bis zum Meer.

Farbenlehre

Die Corona-Pandemie hat einen Begriff wieder entmottet, »die gelbe Gefahr«. Raphael Zehnder vom Radio SRF befragt mich per Skype zu dieser »Gefahr«, über die Schwäche und Stärke Europas, die vermeintlich übersinnlichen beziehungsweise unheimlichen Kräfte Asiens und die jahrhundertealte Schwarzweißmalerei.

Der Begriff kam das erste Mal Ende des 19. Jahrhunderts auf. Schon Dostojewksi schrieb über eine unvorstellbare Seuche, die aus Asien kommt und über Europa herzieht.[35] Als 1905 das japanische Kaiserreich Russland in einer verlustreichen Schlacht besiegte, fürchteten Intellektuelle, der deutsche Kaiser und europäische Militärbefehlshaber, dass im Osten nicht nur die Sonne aufgeht. Die Gefahr wurde heraufbeschworen, als die Boxer gegen die westlichen Kolonialmächte aufstanden, als in den achtziger Jahren des 20. Jahrhunderts China und die Tigerstaaten zum großen Sprung ansetzten. Gleichwohl gab es immer auch Zeiten des China-Fiebers, nach den Weltkriegen zum Beispiel, als China zum Hort der Vernunft und Harmonie stilisiert wurde. Angst oder Euphorie hängen wesentlich von der Befindlichkeit des Westens ab und nicht von China selbst.

Der Philosoph François Jullien warnt sowohl vor Sinophobie als auch vor Sinophilie, warnt aber auch davor, aus politischen oder wirtschaftlichen Gründen über von China begangenes Unrecht zu schweigen. Über die Unterdrückung der Uiguren beispielsweise, über die Zensur, der Verlage und Universitäten immer direkter unterworfen sind, und über den Druck, der auf Taiwan ausgeübt werde, müsse gesprochen werden.[36]

Die politische Palette in Taiwan kennt weitere Farben. Die KMT hat für sich Blau gewählt, die DPP Grün, Weiß wird der Terror der Militärdiktatur genannt. Und was ist mit Rot? Der bekannte Popmusiker Luo Dayou besingt 1983 in *The Orphan of Asia* Taiwan: »Das Waisenkind Asiens weint im Wind/ Roter Schlamm beschmutzt sein gelbes Gesicht/ Weißer Terror gespiegelt in schwarzen Augen/ Westwind singt traurige Lieder im Osten/ Niemand will mit dir spielen/ aber alle wollen dein liebstes Spielzeug.«[37]

Vor dem Interview frage ich meine Mitbewohnerinnen nach der gelben Gefahr. Sie schauen mich mit großen Augen an. Noch nie gehört, was das denn sein solle? Nun war ich überrascht. Ein Klischee, das im Westen so fest verankert ist, dass es aus dem schiefen Verhältnis zwischen den asiatischen und westlichen Mächten gar nicht wegzudenken ist, perlt ganz einfach ab. Die so Bezeichneten wissen nichts davon.

Ich erkläre ihnen, was im Westen unter gelber Gefahr verstanden wird. Da lachen sie und sagen: »Das ist bei uns die rote Gefahr. Die Gefahr, die uns aus China droht, damit sind wir aufgewachsen.«

Fliegen

Als ich mich mit einer Schüssel gesalzener Sojamilch und einem Teller gefüllte Teigtaschen auf den einzigen freien Platz in einem Frühstücksimbiss setze, sehe ich mir gegenüber den Alten aus dem Drachenboot. Nie würde er außerhalb essen, sagte er mir doch neulich erst, und dass seine Frau mit dem Frühstück immer auf ihn warte.

Heute esse er also auswärts? Weil Samstag sei? Ich warte vergeblich auf eine Antwort.

Ich esse meine Baozi, bis er beiläufig sagt, das könne ich gut, mit Stäbchen essen.

Er beobachtet mich also die ganze Zeit, der alte Fuchs.

Wir sprechen über das Reisen und Fliegen. Nein, Langstreckenflüge halte er nicht aus, deshalb war er auch noch nie in Europa. Über die begehrten Fake-Flüge zu Corona-Zeiten kann er noch nicht einmal schmunzeln. Siebentausend wollen mit, nur sechzig werden per Los ausgewählt, erhalten ein Ticket für den Flug vom Songshan-Flughafen, dem Domestic Airport. Passkontrolle, Sicherheitscheck, Boarding, Geplänkel mit dem Flugpersonal, Lunchpakete – sie gehen an Bord eines Flugzeugs, das nicht startet. Der Traum vom Fliegen in einem Flugzeug, das nie abhebt.

Zwar sind die Grenzen für Taiwaner nicht geschlossen, doch die zehntägige strikte Quarantäne hält viele von einer Auslandsreise ab.

Der Fluss

Wann haben die Menschen unten am Fluss begonnen mich zu grüßen? Wie lange haben sie mich bei meinen Qigong-Übungen am Rand des Sportplatzes beobachtet?

Sie versuchen es zuerst mit »good morning«. Nach Tagen, Wochen reagieren sie auf meinen chinesischen Morgengruß auf Chinesisch. Bis sich eine ältere Frau traut. Woher ich komme, wo ich wohne? Bald grüßen wir uns wie alte Bekannte, erst recht, wenn ich wegen des starken Regens oder des Drachenboottrainings ein paar Tage nicht auftauche. Freundlich wird konstatiert, dass ich gefehlt habe.

Eines Morgens zeigt mir einer Fotos von einem Ausflug in die Berge, wischt ein Bild nach dem anderen über das Display, ich müsse unbedingt auch einmal nach Erziping, so schön sei es dort.

Schon nach einem Monat weiß ich, dass ich den Fluss vermissen werde.

Frieden

Die Straße zur Universität heißt Friedensstraße, zentral liegt der Peace Memorial Park, Hotels tragen den Frieden im Namen, es gibt Friedensskulpturen, die Friedensinsel vor Jilong, die umstrittene Friedensinsel Taiping, kaum mehr als ein Felsen im südchinesischen Meer, auf den Vietnam, die Philippinen, die Volksrepublik China und Taiwan Anspruch erheben.

Forderungen nach Frieden zu beiden Seiten der Taiwanstraße, nach friedlicher Koexistenz. Im Frühjahr und Sommer 2021 wird von japanischer, indischer und amerikanischer Seite ein offener und freier Pazifik beschworen. Gleichzeitig droht Xi Jinping, wenn Taiwan sich nicht friedlich vereinigen lasse, dann werde das eben mit militärischer Gewalt geschehen. Der Frieden wird leichthin in den Mund genommen und ist eines der vier Regierungsprinzipien, die Tsai Ing-wen bei ihrer Wiederwahl 2020 in Aussicht stellte. Der fromme Wunsch weicht allerdings auch bei ihr der Einschätzung: *lěnghé*, kalter Frieden. So nennt die Präsidentin die derzeitige angespannte Situation, immerhin eine mutigere Wortkombination als Kalter Krieg. Kalter Frieden bedeutet das Festhalten am Status Quo, an der Parole »Keine Wiedervereinigung, keine Unabhängigkeit, kein Krieg«.

Sonst wird bei der Forderung »Frieden« der Kopf geschüttelt, lustlos. Dabei gibt es in Taiwan engagierte Bürgerbewegungen gegen Umweltzerstörung, gegen Atomenergie und Atommüll. Zwischen Atomkrieg und Atomkraftwerken werde indes keine

Verbindung hergestellt, sagt Y., die frühere Aktivistin, und von einer Friedensbewegung habe sie in Taiwan noch nie gehört. Gewaltfreie Trainings habe es in der jüngsten Geschichte Taiwans allerdings durchaus gegeben, und zwar im Umfeld der Wilde-Erdbeeren-Bewegung, auch bei Arbeiterbewegungen, die zahlenmäßig anderen Organisationen überlegen sind. Presbyterianische Priester haben den Ureinwohnern auf der Orchideeninsel einige Lektionen in zivilem Ungehorsam erteilt. Aber sonst? Momentan vertraue man der Regierung, dass sie die notwendigen Maßnahmen ergreife. Tsai Ing-wen besuche regelmäßig die Armee, stehe also hinter der militärischen Verteidigung des Landes, und kürzlich wurde Wu Yi-nong, ein junger Politiker, mit seiner Forderung nach stärkerer nationaler Verteidigung als Abgeordneter gewählt. Da sei ihr das Thema »Frieden« wieder einmal aufgefallen, weil es auf seiner politischen Agenda eine prominente Rolle spielte.

»Wie erklärt sich das Fehlen einer Friedensbewegung in Taiwan? Warum setzt man dort ausschließlich auf militärische Mittel?«, frage ich per E-Mail die Taiwanexpertin Simona Grano von der Universität Zürich.

Frieden gebe es nur, wenn beide Seiten daran interessiert seien, mailt sie zurück. Und wenn die eine Seite immer aggressiver agiere und den Bedrohungspegel anhebe, habe das Reden über Frieden keinerlei Bedeutung. Mit Aufrüstung werde Abschreckung bewirkt, damit eine Invasion für China teuer wird.

Ich antworte, dass es mir hoffnungslos scheine, nur auf Aufrüstung zu setzen. Dies zeige meiner Meinung nach bloß, dass auf taiwanischer Seite offenbar kein Plan B existiere. Ich könne mir allerdings nicht vorstellen, dass man nicht nach Alternativen suche.

Sie fragt, wie denn meiner Meinung nach so ein Plan B aussehen könne, falls China sich entschiede, Taiwan anzugreifen – Blumen schenken?

Warum nicht, schreibe ich zurück, wilde Lilien und Sonnenblumen haben ja schon einiges bewirkt in der jüngsten Geschichte Taiwans.

Taiwan habe jede Menge Optionen, meint Simona Grano, und bereite die Bevölkerung darauf vor, wie sie sich im Falle eines Angriffs verhalten solle. Gleichwohl seien die Möglichkeiten begrenzt, denn man wisse nicht, wie die USA reagieren würden. Taiwan habe keinen großen Spielraum, wenn die USA es nicht unterstützten.

Ich spinne den Faden weiter: Wenn auf beiden Seiten zivilgesellschaftliche Gruppierungen Kontakt und wirkliche Friedensgespräche aufnähmen, wer könnte das in Taiwan sein, wer auf der anderen Seite? Gibt es nicht selbst beim chinesischen Militär Stimmen, die einer Invasion Taiwans skeptisch gegenüberstehen, Kritiker von Xi Jinpings Regierungskurs? Was, wenn man Kontakt zu diesen Leuten suchte? Und sei nicht eine asiatische Allianz eine Möglichkeit, der chinesischen Hegemonie etwas entgegenzusetzen?

Viele potenzielle Verbündete fürchteten sich vor den finanziellen Einbußen, sollten sie gegen China agieren; das gelte auch für Südkorea und Japan, wendet sie ein.

Taiwan, aber das sei nur meine Meinung, da ich ja weder Politikerin noch Diplomatin sei, versäume es, sich besser zu positionieren, eine diplomatische Strategie zu verfolgen, die nicht auf Aufrüstung setze. Es sehe hilflos zu, wie ein Land nach dem anderen die diplomatischen Beziehungen zu ihm abbreche. Es gebe auch Gegenbeispiele wie Tschechien und den Bürgermeister von Prag, der sich nicht mehr länger die nicht hinnehmbaren Klauseln in den städtepartnerschaftlichen Vertrag diktieren lassen wollte, stattdessen den Vertrag aufkündigte und mit Taipei eine Partnerschaft schloss.

Ein guter Punkt, schreibt sie, Taiwan habe diese Möglichkeit verschlafen, befinde sich wie in einer Schockstarre angesichts dieser ständigen Drohungen, die bislang nie wahrgemacht wurden. Es gebe tatsächlich Verbindungen zu der sogenannten Anti-Falken-Fraktion in China, aber es sei für diese Personen zunehmend gefährlicher, ihre Meinung offen zu äußern; nicht einmal mehr Tycoons mit guten Beziehungen zur Regierung seien sicher.

Selbst wenn die USA ihre Absicht, einzugreifen, deutlich erklärten, bleiben sie als einzige Schutzmacht Taiwans ein wankelmütiger Partner. Taiwan einen internationalen Status zu verleihen, wäre ein erster Schritt in die richtige Richtung. Das könnte ein Auslöser dafür sein, dass andere Länder die lebendige demokratische Republik Taiwan auch unterstützen, ohne Repressalien von China fürchten zu müssen, wie es Australien momentan erlebt.

Taiwan solle also Verbündete suchen, darin gebe sie mir Recht, die dieselben Werte verträten und bereit seien, dafür einzustehen.

Aufrüstung und Machtspiele auf beiden Seiten ermüden, schreibt die Pilotin K., als ich sie nach den zunehmenden Bedrohungen 2021 frage. »Es widert mich fast an, zu sehen, dass sich immer wieder Militärs in Angelegenheiten einmischen, die anders gelöst werden sollten. Die Menschheit greift seit Jahrhunderten zu Waffen, weil es die nächstbesten Mittel sind. Das frustriert mich.«

Weil China immer schneller aufrüstet, erhöhte Taiwan den Verteidigungshaushalt 2021 um zehn Prozent auf dreizehn Milliarden Euro. Der chinesische Militäretat ist mittlerweile der zweitgrößte der Welt, gleichwohl hat man in Peking die Sowjetunion vor Augen, die im Rüstungswettlauf mit Washington ihre Existenz aufs Spiel setzte. Diesen Irrweg will man nicht beschreiten.[38]

Manche hoffen, dass die wirtschaftlichen Verflechtungen, die gegenseitige Abhängigkeit von Taiwan und China zu groß sind, als dass China einen Krieg riskiert. Solange China von der taiwanischen Halbleiterindustrie abhängig sei, sägte es sich bei einem Krieg gegen die Chipgroßmacht vor der eigenen Küste den Ast ab, auf dem die chinesische Industrie sitze.[39] Zudem haben viele taiwanische Geschäftsmänner chinesische Frauen und Kinder auf dem Festland, was geschähe mit diesen Familien im Fall eines Krieges? Unabhängigkeitsforderungen auf der taiwanischen Seite oder ein Krieg, angezettelt von chinesischer Seite, wären für beide Seiten unklug. Mehrere Frauen, die ich zu diesem Thema befrage, denken so.

»Im Zeitalter der Globalisierung ist ein Krieg unmöglich, da alle Länder wirtschaftlich zu eng miteinander verknüpft sind«, schrieb der britische Journalist Norman Angell 1910 in seinem Weltbestseller *Die falsche Rechnung. Was bringt der Krieg ein?* (deutsche Ausgabe 1913). Sein Buch war der Anlass für die Gründung der britischen Friedensbewegung. Kurze Zeit später brach der Erste Weltkrieg aus.

Krieg als Weiterführung von Politik wird seit Jahrhunderten mit jeweils fatalem Ausgang propagiert, anstatt auf Pazifismus als politische Strategie zu setzen. Läge darin nicht die Zukunft für Taiwan?[40] Für diese Gedanken wurde ich bislang stets als naiv gescholten, doch auch die ehemalige Kulturministerin und Kulturkritikerin Lung Ying-tai denkt über solche Wege nach: »Mein höchstes Ziel ist Friede!«, selbst wenn China ständig Flugzeuge schicke und die Medien in Taiwan wie besessen über die Verletzung des taiwanischen Luftraums berichteten, als müsse man sich auf einen Krieg vorbereiten. »Wo sind die taiwanischen und chinesischen Intellektuellen, die aufstehen und Nein sagen? Es muss einen anderen Weg geben.«[41]

Gehen

Wo ich auf sie gestoßen bin, weiß ich nicht mehr, aber die Gehschule der Peripatetiker ist mir ein Vorbild beim Gang durch Taipei und durch taiwanisches Gelände. Man geht und weiß sich dem Ort verbunden, gleichzeitig befördert das Gehen die Gedanken; Bewegung und Gedankengang verbinden sich.

Dem Gehen und diesem Gehenlassen begegne ich auch in einem Blog von Freda Fiala. Sie fragt darin, ob die dabei erreichte Ruhe womöglich eine verinnerlichte Disziplin sei, um im Dickicht einer Stadt wie Taipei seinen Lebensweg einigermaßen schadlos gehen zu können? Immerhin werde in Taiwan rücksichtsvolles Verhalten in der Öffentlichkeit als Ausdruck von *lǐmào*, Höflichkeit, gesehen, die ihre Wurzeln in der konfuzianischen politischen Philosophie habe.[42]

Deshalb möchte ich die Abschiedsformel *mànmànzǒu* – langsam langsam gehen -- ernst nehmen, mich langsam und gelassen auf den Weg begeben, von Altem verabschieden, mich meinen mäandernden Gedanken und dem Neuen freimütig überlassen. Und das gelingt mir in der Bewegung beim Gehen.

Gewöhnung

Wann wird das Ungewohnte
zur Gewohnheit,
ist der Kipppunkt überschritten?

Gleichberechtigung

»Unglaublich schwer lag das breite Messer mit der scharfen Klinge in ihrer Hand. Um es aufzuheben, musste Lin Shi beide Hände benutzen, dann stach sie zu.« Eine Frau ermordet ihren Mann und kippt alles, was von ihm übrigbleibt, ins Meer. Sie rächt sich für die jahrelang erduldete Gewalt.

Li Ang kritisiert in ihrem Roman *Gattenmord* die Doppelmoral einer Gesellschaft, in der hinter dem Vorhang von streng patriarchalischem Konfuzianismus sexuelle Frustration in sexuelle Gewalt umschlägt. Das Buch erschien 1983. Heute gilt Taiwan als eines der fortschrittlichsten Länder der Welt in puncto Gleichberechtigung, führte wie gesagt beispielsweise 2017 als erstes Land in Asien die Ehe für alle ein. Ist die Kritik Li Angs an den gesellschaftlichen Zuständen also heute obsolet?

Die Frauen, die ich befrage, geben dem recht. Nach den neuesten Zahlen rangiert Taiwan auf dem sechsten Platz weltweit, was Emanzipation anbelangt. Die Löhne von Frauen und Männern sind gleich. Dass es anderswo, zum Beispiel in Deutschland, anders sein könnte, musste die Tänzerin F. feststellen und glaubte zuerst an einen Irrtum der Buchhaltung. In der taiwanischen Verfassung ist zudem verankert, dass mindestens fünfzig Prozent der Stellen mit Frauen besetzt werden müssen, erklärte mir ein Journalist. »Das bedeutet, dass wir Männer eindeutig benachteiligt sind.«

Dennoch stellte Tsai Iing-wen im Mai 2020 ein neues Kabinett vor, in dem keine einzige Frau – abgesehen von der transsexuellen

Digitalministerin Audrey Tang ohne eigenes Ministerium – vertreten war, was murrend zur Kenntnis genommen wurde.

Bei einer Massenhochzeitsfeier des Militärs im Jahr 2020 waren unter den 188 Paaren, die sich trauten, auch zwei Soldatinnen in Uniform mit ihren Ehefrauen. Das Militär lobt sich für seine Offenheit den 25 000 Frauen in der Armee gegenüber.[43] Andererseits wurden 41 Fälle sexueller Belästigung, meistens von Vorgesetzen gegen Untergebene, zur Anzeige gebracht.[44]

Im Straßenbild fällt auf, dass Frauen sich gelassen und souverän bewegen und sich auch nicht aufwendig schminken. Kaum eine der Frauen, mit denen ich Kontakt habe, erinnert sich an eine diskriminierende Begebenheit in der Arbeitswelt. Frauen hätten zwar zu wenig Selbstbewusstsein, wenn es um Gehaltsforderungen gehe, meint die Marketingexpertin Laura, dafür werde aber von Männern mehr Engagement bei der Arbeit erwartet. Bei der Anstellung würden die Geschlechter gleich behandelt; sie habe die Erfahrung gemacht, dass das Zeugnis zähle. »Männer werden gerade im Verkauf nicht so gern genommen; sie treten zu selbstbewusst auf. Frauen sind ehrlicher und flexibler. Bei uns arbeiten auf der Führungsebene fünf Frauen und zwei Männer.« Ihre ehemalige Kollegin erzählt, dass man sich auf Fachmessen manchmal über sie amüsiere. »Da heißt es dann: ›Ah, die Frauen aus Taiwan‹, weil wir das einzige rein weibliche Verkaufsteam sind.«

In großen Unternehmen und jungen Start-ups sei das alles kein Problem, meinten die Frauen einstimmig, bei kleineren Unternehmen kann es schon mal sein, dass frau die Puppe spielen und Anzüglichkeiten über sich ergehen lassen müsse. Die Juristin Mei-Heng arbeitet in so einer Firma. Es werde erwartet, dass Frauen bei der Feier zum Jahresende auf der Bühne leichtbekleidet tanzen. Ich frage nach, um mich zu vergewissern, ob ich richtig verstanden habe. Sie nickt. Ja, das Unternehmen werde sehr traditionell geführt, und um dem Chef zu gefallen, machten alle mit; eine Ausrede würde schnell auffliegen. »Alle sagen, dass es nicht in Ordnung ist, aber trotzdem … Dass es so etwas noch gibt, hätte ich nicht für möglich gehalten.« Wenige Monate später kündigt sie.

Noch heute wundert sich die Pilotin K. über sich. Vor vielen Jahren, als sie gerade mit ihrer Ausbildung begonnen hatte und Handlangerdienste verrichten musste, kam ein Vorgesetzter auf sie zu und erklärte, dass sie diese Arbeiten nun eben machen müsse, Frauen könnten seiner Meinung nach ohnehin keine Flugzeuge fliegen. »Das war vielleicht früher so, diese Zeiten sind aber vorbei«, habe sie damals, ohne einen Augenblick zu zögern, geantwortet und wisse bis heute nicht, woher sie den Mut genommen habe. Ein paar Tage später erzählt sie mir, mein hartnäckiges Nachfragen habe noch eine weitere Erinnerung hervorgeholt: Bis vor Kurzem habe es eine ungeschriebene Regel gegeben, nämlich keine zwei Frauen im Cockpit. »Das war im Schichtdienst ziemlich unpraktisch, doch wenn wir nachfragten, gab es tausenderlei Ausreden: Wir würden zu viel reden, wir könnten uns nicht durchsetzen, wenn ein Passagier randaliere, niemand werde eine weibliche Stimme übers Mikrofon respektieren – jede Menge uneingestandener Vorurteile eben.« Das ging so lange, bis sich eine Frau aus dem Betriebsrat hartnäckig für eine Änderung dieser Regelung einsetzte.

Viel Nachholbedarf, darin sind sich ebenfalls alle einig, gebe es immer noch im Bereich der Familie. Dort gelten nach wie vor traditionelle Regeln. Eine erzählt von ihrer Cousine, die am Abend des Neujahrstags im Auto wartet, bis es Mitternacht ist und erst dann zu ihrer eigenen Familie geht, denn ein Besuch am Neujahrstag selbst bringe ihrer Familie Unglück, stattdessen muss sie der Familie ihres Mannes einen Besuch abstatten.

»Meine Großmutter hat mir klar gesagt, dass ich nicht so viel wert sei wie ihr Enkel«, sagt die Webmasterin Serena.

Unterwürfigkeit und Demut sind Eigenschaften, die noch immer erwartet werden. »Als sich kürzlich ein Mann in einem Onlineforum darüber beschwerte, dass seine Freundin ihm widersprochen habe, gaben ihm mehr als hundert Männer mit unterschiedlichem Hintergrund recht. Frauen sollen sich mit ihren Meinungen zurückhalten. Die traditionellen Vorstellungen halten sich hartnäckig. Auch jahrelange Bildungsprogramme helfen nicht dagegen. Aber was dann?«, fragt die Aktivistin Y. ratlos.

K. setzt dennoch auf Erziehung und Bildung, auch wenn es ein langer Prozess sei. Die Tochter einer Freundin, erzählt sie, sagte im Kindergarten, dass sie ein anderes Mädchen heiraten möchte und wurde daraufhin von den anderen Kindern ausgelacht, weil das ja nicht möglich sei. Die Freundin aber hatte ihrer Tochter erklärt, dass das heute in Taiwan sehr wohl gehe. Der Sohn einer anderen Freundin trage gern rosa Kleider und die Haare etwas länger und dürfe das, auch wenn die Mutter deswegen immer wieder auf ihre vermeintliche Tochter angesprochen werde.

Für Haushalt, Familie und Kinder ist die Frau verantwortlich, auch wenn sie unter der Belastung ächzt. Selbst wenn man für ein Kind beispielsweise einen der begehrten Kindergartenplätze bekommen hat, ist das dennoch schwer mit dem Beruf zu vereinbaren. Man muss bis mindestens achtzehn Uhr arbeiten, und auch dann werden unausgesprochen Überstunden erwartet – und wer holt dann die Kinder ab? Darüber stöhnen alle Mütter, die ich getroffen habe. Teilzeitjobs gibt es nur wenige, dazu gehört zum Beispiel das Auffüllen der Regale in einem Supermarkt, und die wenigen sind schlecht bezahlt.

Der Mann ist nach wie vor das Familienoberhaupt, auch wenn dies 2005 per revidiertes Familiengesetz geändert wurde. Kinder tragen den Namen des Mannes, bei einer Trennung gehören sie zu dessen Familie, auch wenn neuerdings das Recht des Kindes im Mittelpunkt stehen sollte. Die Kleiderverkäuferin Chi-Jing erzählt von Schwiegermüttern, die billigere Kleider für ihre Schwiegertöchter kaufen, damit die nicht so viel Geld ausgeben.

Im Jahr 2017 sorgte eine Begebenheit für Furore, vielleicht der erste Fall von #MeeToo in Taiwan. Eine 26-jährige verheiratete Frau nahm sich das Leben. Zuvor hatte sie in ihrem autobiografischen Roman beschrieben, wie sie während der Pubertät von ihrem verheirateten Nachhilfelehrer sexuell missbraucht worden war. Diese Erfahrung galt als Grund für ihren Suizid. Das Verhalten des Lehrers wurde zwar mehrheitlich verurteilt, aber es gab auch Stimmen, die der damaligen Schülerin vorwarfen, sie habe sich in die Ehe des Lehrers eingeschlichen. Da ein Roman kein gerichtsverwertbares Indiz darstellt, wurde der Lehrer nicht strafrechtlich zur Verantwortung gezogen, erklärt die Autorin Li Ang. »Weil meine Romane häufig Themen wie die Geschlechterrollen, Politik und die Gleichberechtigung der Geschlechter behandeln, fragt man mich oft, welche Beziehung ich zum Feminismus habe. Dann antworte ich stolz: ›Ich bin eine Feministin.‹ Zum Lied ›Sag mir, wo die Blumen sind‹ und den darin besungenen Kreislauf Blumen – Mädchen – Soldat – Grab – Blumen – Mädchen: Es ist unvermeidlich, dass wir Rückschläge erleiden, aber in diesem Kreislauf sind wir es, die die Blumen in den Händen halten.«[45]

Götter

Klein, groß und dunkel
in goldgelbe Gewänder gewickelt
stehen sie auf drei Stufen.
Mancher trägt eine Krone
ein anderer einen Bart, hält einen Stock in der Hand.
Grimmig die einen, sinnend die anderen.
Die Menschen kommen zu euch und wollen
eine bessere Arbeit
gute Noten bei der nächsten Prüfung
Glück in der Liebe.
Das seien die meistgenannten Wünsche,
erklärt mir jemand.
Das Glück hängt von euch ab.

Als einmal das Wasser über die Ufer trat
den Tempel in die Höhe hob
lagt ihr im Schlamm.
Da wart ihr froh um sie,
die euch retteten und wieder
zurück auf den Sockel stellten.

Graffiti

In einer Seitengasse in Wanhua prallen harte Rap-Rhythmen von vollgekleisterten Wänden zurück. Vor einer hängt eine Leinwand, auf der tonlos US-Rapper vor und zurück springen. Auf einer anderen singt der »Joker« ein stummes Lied mit geschürzten Lippen. Daneben läuft der Basketballspieler Kobe Bryant über die Mauer. Die meisten Menschen, die durch diese Gasse kommen, zögern, sehen sich um, gehen schnell weiter. Nur wenige bleiben stehen, fotografieren sich vor der Wand.

Auf einem Parkplatz in Tainan sind wilde Abgründe in Grün und Violett auf Häuser gesprayt. Ein Hase blickt mit weit aufgerissenen Augen in den Himmel, unter dem Fell sieht man die Rippen. An den Wänden überall Augen.

Riesige Gesichter auf den Betonmauern entlang dem Jilong-Fluss. Warnen vor dem kugelrundem Kleingetier. Aus weit aufgerissenen Mündern blubbern rot-schwarze Wut und Forderungen nach Freiheit. Zwei Wochen später ist alles weiß übermalt.

Hengchun

Bei manchen Menschen in Taiwans Süden denke ich an Fotografien aus Hawaii. Die Gesichter sind dunkel, breit, die Lippen voller als bei den meisten Taiwanern. Und wenn sie Chinesisch sprechen, bin ich im ersten Moment verblüfft, denn ich hatte wohl Englisch erwartet. Die Frauen der Amis, des größten indigenen Volks Taiwans, erinnern mich an Sia Figiel, eine Autorin aus Samoa, die ich einmal als Übersetzerin auf der Frankfurter Buchmesse zu Pressegesprächen und Lesungen begleitete. Wie raumfüllend sie durch die Gänge schaukelte, erhaben wie eine Göttin, aber zugewandt und offen für das, was um sie herum geschah. Setzte sie sich, klaffte ihr Rock über den Knien auseinander und gab wundersame Tätowierungen auf den Oberschenkeln frei.

Ich wusste um die ethnische Verbindung der Inselvölker im Pazifik, über die austronesischen Wurzeln der indigenen Bevölkerung Taiwans, aber dass die Atayal, das zweitgrößte indigene Volk, Vorfahren der Maori in Neuseeland sein sollten, war mir neu.[46] Doch diese Verwandtschaft in den Straßen und auf den Märkten von Hengchun (»ewiger Frühling«) zu sehen, überraschte mich. Ausgerechnet in diesem ruhigen und gemütlichen Städtchen verübten die Paiwan, das drittgrößte indigene Volk, 1871 ein Massaker an japanischen Fischern, die hier gestrandet waren, lese ich auf einer Steinplatte am südlichsten Punkt Taiwans, in Eluanbi. Die Japaner schickten daraufhin im folgenden Jahr eine Strafexpedition nach Hengchun, die Chinesen einen Sonderbotschafter, um

Frieden auszuhandeln und dem Ort seinen Namen zu geben, mit dem sie vielleicht weitere Massaker verhindern wollten.

Die Amis, die Atayal und die Paiwan sind drei von sechzehn indigenen Bevölkerungsgruppen Taiwans, die hauptsächlich im zentralen Bergmassiv, im Süden und Osten der Insel leben. In Taipeis Gedenkstätte für Sun Yat-sen, Gründer der Republik China, lese ich folgende Zahlen: Die Indigenen machen zwei Prozent der Gesamtbevölkerung Taiwans aus. Die Gruppe der Holos, die ursprünglich aus der Provinz Fujian kamen und den Holo-Dialekt sprechen, der als taiwanisch gilt, stellt 68 Prozent. Die Hakkas, die aus der Provinz Kanton stammen und sich bis heute durchweg selbst als Hakka bezeichnen, sind dreizehn Prozent.[47] Die Einwanderung der Hakkas und Holos begann im 17. Jahrhundert, als sowohl die niederländische Seemacht und später das chinesische Kaiserreich Chinesen vom Festland für die Landwirtschaft rekrutierten. Fünfzehn Prozent bilden die sogenannten *wàishēngrén* – Chinesen, die nach 1945 zuzogen und jahrzehntelang alle anderen an den Rand drängten.

Taiyu, die Sprache der Inselbewohner, wurde verboten. In der Schule war es bis in die siebziger Jahre untersagt, Taiyu zu sprechen, zur Strafe musste man fünf Taiwan-Dollar bezahlen. »Das war damals viel Geld für mich als Schulkind«, sagt Emily. »Zwar ist Taiyu mittlerweile fester Bestandteil des Lehrplans, aber wenn die Eltern es nie richtig gelernt haben, mit wem sollen die Kinder dann sprechen?«

Die Ureinwohner lassen sich in zwei Gruppen einteilen. Die einen leben in den Bergen, wohin sie von den jeweiligen Eroberern vertrieben wurden. In der Tiefebene, vor allem im Westen Taiwans, wo Landwirtschaft möglich war, trieben die anderen mit den Neuankömmlingen Handel. Zum Erstaunen der Chinesen vom Festland galten hier matriarchalische Regeln, denn die Frauen haben für die Nahrung gesorgt und waren also verlässlicher als ihre

Männer.[48] Westliche Missionare scheiterten an den starken religiösen Frauenfiguren und kamen auch nicht gegen die in ihren Augen libertären Lebensweisen an. Den Japanern waren sie ein beständiger Stachel im Kolonialfleisch, der sich, einmal entzündet, zum blutigen Aufstand ausweiten konnte, wie beispielsweise 1930 beim Musha-Vorfall, als die Atayal Hunderte japanische Soldaten töteten. Die blutige Rache der Kolonialherren folgte umgehend. Viele der indigenen Anführer töteten sich mitsamt ihren Frauen und Kindern, um nicht als Trophäe unter den Japanern herumgereicht zu werden.[49] Die japanische Regierung interessierte sich besonders für die Wälder, stationierte Tausende Soldaten im Zentralmassiv, rekrutierte, zum Teil unter Zwang, Ureinwohner als Soldaten für ihren Krieg in Asien. Deshalb kam es immer wieder zu Aufständen von Ureinwohnern, auch etwa wenn die Besatzungsmacht versuchte, sich beliebt zu machen, Schulen baute, Anführer nach Japan einlud und zu Ehen zwischen Japanern und einheimischen Frauen animierte. Doch meistens ließen die japanischen Offiziere ihre Frauen nach ihrer dreijährigen Dienstzeit zurück – ein Gesichtsverlust für das ganze Dorf.

Bis heute ist das Zusammenleben der Inselbewohner konfliktreich. Für die Einheimischen gab es eigentlich keinen Unterschied zwischen der Unterdrückung durch die westlichen Kolonialmächte, die Japaner oder die chinesischen Neuankömmlinge, die ihnen das Land wegnahmen. Unter der KMT mussten sie gar chinesische Namen annehmen.[50] Die Landenteignungen durch die KMT sind bis heute nicht verziehen. Am Gedenktag zum Massaker vom 28. Februar 1947 sehe ich zwei Amis, eine Frau und einen Mann, vor dem 2-28-Park, die ihre Forderungen auf einem Schild in die Höhe halten. Der Jungpolitiker und Rocksänger Freddy Lim beugt sich zur langhaarigen Frau hinunter, die neben dem Mann auf einem zusammenklappbaren Hocker sitzt, hört den beiden zu, fragt nach. Im Park selbst haben die beiden Amis ein Zelt aufgeschlagen, das in all den Monaten dort steht, in denen ich durch den Park gehe. An die Zeltwände sind Plakate mit der Forderung an Präsidentin Tsai Ing-wen geheftet, endlich für vergangenes Unrecht Genugtuung zu leisten, ihr Land zum Beispiel zurückzugeben, das sie nach der Befreiung von der japanischen Kolonialherrschaft weder von der KMT noch von der derzeitigen Regierung zurückbekommen haben.

Tsai Ing-wen hatte sich bei ihrem Amtsantritt 2016 für die Unterdrückung und Missachtung der indigenen Kultur entschuldigt – das erste Mal überhaupt in der Geschichte Taiwans tat das ein Politiker – und versprochen, auf die Forderungen einzugehen, das Versprechen allerdings nicht in allen Punkten gehalten; Land wurde beispielsweise nur zum Teil zurückgegeben. Bei ihrer Antrittsrede nach der Wiederwahl ging Tsai Ing-wen nicht mehr auf die Anliegen der Indigenen ein, was enttäuscht registriert wurde, obwohl in ihrer ersten Regierungszeit einige Aktivitäten der indigenen Bevölkerung zugutekamen. Immerhin durften die Ureinwohner ihre ursprünglichen Namen wieder in die offiziellen Dokumente eintragen lassen. Benachteiligt sind sie weiterhin; das zeigen Statistiken über Bildungsgrad und Armutsgrenze.[51]

Immer wieder kommt es zu Demonstrationen. Einmal wird in Taipei ein Bunun – die Bunun sind eine weitere indigene Bevölkerungsgruppe – verurteilt, gegen das Jagdgesetz verstoßen zu haben. »Jäger sind keine Verbrecher«, skandieren seine Unterstützer, stellen Jagdtrophäen aus, zünden Bergkräuter an. Sie fordern die Anerkennung der Jagd als indigenes Kulturrecht.[52] Artenschützer protestieren, da die Bunun geschützte Hirscharten jagen. Doch Lin Nan-ji, Lehrer an einer Volkshochschule in Taipei und selbst ein Bunun, meint, die chinesische Medizin mit ihrem Glauben an die Heilkräfte von Bärentatzen und Hirschgeweihen sei der Grund, warum Jäger achtlos töteten. Umgerechnet fünfhundert Euro gebe es für ein Geweih auf dem Schwarzmarkt. An der Stelle müsse der

Staat rigoros durchgreifen und nicht die traditionelle Jagd reglementieren und kriminalisieren.[53]

Wie schwierig es ist, aus dem Teufelskreis von Diskriminierung, Armut, Prostitution und Alkoholismus auszubrechen, wird in dem Gedicht »Die Giftschlange ist tot« von Mo Naneng, einem Paiwan, erzählt: Ein Mann schlendert durch die Gassen, sein Blick fällt auf ein Glas im Schaufenster einer Apotheke, die Schlange darin verspricht Potenzsteigerung. Ihre Eier wurden einst angebetet als Urahnen der Paiwan, nun sind sie zu »Handlangern der städtischen Lüsternheit« geworden. Er trinkt von diesem Schlangengebräu, »schleicht mit seiner aufgeputschten Männlichkeit durch die Gasse« und wird am Tor des Rotlichtviertels von einer »Nachfahrin der Schlangensippe«, einem Mädchen des Paiwan-Stammes empfangen.[54]

Die Stellung der Ureinwohner Taiwans konkretisiert sich in dem Spannungsfeld zwischen Diskriminierung und Verachtung für die »wilden Sitten«, Exotisierung und Musealisierung.[55] Viele der Jüngeren leben mittlerweile in Städten, was wiederum den Zerfall der traditionellen Gemeinschaften vorantreibt. Einige kehren aber auch in ihre Dörfer zurück, ihrer Kultur wegen, und versuchen im Ökotourismus ein Auskommen zu finden.[56]

Sonja Matheson vom Baobab-Verlag führte viele Jahre lang in Zusammenarbeit mit dem National Living Art Center in Taidong Workshops für Illustratoren durch, um die Anliegen der indigenen Bevölkerung in der Kinderliteratur Taiwans sichtbar zu machen. Dabei wurde immer wieder die Frage nach der schwer zu fassenden taiwanischen Identität aufgeworfen, was zu stundenlangen Diskussionen führte. In ihrem Projektbericht hält sie fest, dass die Indigenen zwar lange unterdrückt worden seien, aber immerhin wüssten, wohin sie gehörten.

Sie fragt sich, wie die Menschen chinesischer Herkunft mit dieser Frage umgingen. »Immer öfter wird von einer taiwanischen

Identität gesprochen, doch was ist das?« Es sei eine neuere Errungenschaft der taiwanischen Gesellschaft, dass sich jede und jeder selbst entscheiden könne, wozu er oder sie sich zugehörig fühlen möchte. »Dies wird hoffentlich trotz zunehmender Politisierung der Identitätsfrage so bleiben.«

Hunde

Hunde in Kinderwagen und Babytragen – kein ungewöhnlicher Anblick in Taiwan und selbst in meinem Sprachlehrbuch Thema eines ganzen Kapitels. Darin unterhalten sich Studenten und Studentinnen über ihre Berufsaussichten. Vor dem Lehrerberuf wird gewarnt. Der Grund ist indes ein ganz anderer als beispielweise in Deutschland. Aufgrund des Geburtenrückgangs müssen viele Bildungseinrichtungen, die Mitte der neunziger Jahre gegründet wurden, immer mehr Schulen und Colleges schließen; Lehrer werden auf Teilzeitbasis eingestellt. Die Geburtenquote gehört mit 8,4 Kindern auf tausend Einwohner (Stand 2020) oder 1,21 Kinder pro Frau (Stand 2019) zu den weltweit niedrigsten.[57] 2025 werden die über 65-Jährigen bereits zwanzig Prozent der Bevölkerung stellen.[58]

Warum das so ist, müssen wir anhand zahlreicher grammatikalischer Verrenkungen im Unterricht durchdeklinieren. Die staatlichen Zuschüsse seien zu gering – das Problem hat die Regierung erkannt und erhöhte unlängst zum wiederholten Mal das Kindergeld für das zweite und dritte Kind –,[59] um die Kosten für die private Kinderbetreuung aufzufangen, die großzügigere Öffnungszeiten biete. Die öffentlichen Kindertagesstätten seien zwar billiger, hätten aber eben begrenzte Öffnungszeiten, klagt nicht nur meine Lehrerin, die eine dreizehnjährige Tochter hat. Und weil, so erklärt sie weiter und so steht es im Text, Kinder teuer seien, schaffe man sich eben Hunde an. Die werden sommers in Rucksäcken huckepack über den viel zu heißen Asphalt getragen, in teuren Frisörsalons getrimmt, in Kinderwägen durch Straßen und Parks spazierengefahren.

Kinder sind ein Luxus, den sich immer weniger Frauen leisten wollen. Gerade mal 56 Tage inklusive Wochenenden wird die junge Mutter nach einer Geburt freigestellt; der Vater bekommt einen Tag Urlaub. Bis zum dritten Lebensjahr erhält man für das Kind staatliche Unterstützung. »Und danach?«, fragt Laura, Mutter von Zwillingen. Um die Bewilligung für ein ausländisches Kindermädchen zu erhalten, muss man drei Kinder unter drei Jahren haben – eine Regelung, die den einheimischen Arbeitsmarkt schützen soll. Die Vereinbarkeit von Beruf und Familie sei fast unmöglich, sagt eine Journalistin. Das sei der Grund, der zu diesem dramatischen Geburtenrückgang geführt habe.

Gleichzeitig habe der gesellschaftliche Druck, Kinder zu bekommen, in Taiwan nachgelassen. Die individuelle Lebensgestaltung sei wichtiger geworden. Wenn man die Wahl zwischen Kind oder Kindern und Karriere hat, geht die Karriere vor, auch wenn die biologische Uhr tickt.

Die Webdesignerin Serena sieht das anders. Kinder seien nicht mehr so wichtig, auch die eigene Karriere nicht, weil Geld immer unwichtiger werde. »Taiwan hat eine hohe Scheidungsrate. Wir Frauen fühlen uns unsicher und fragen uns, wie lange die Beziehung halten wird, und vor allem: Hält sie Kinder aus?«

Inseln

Taiwan ist eine Insel, umschlossen, vom Meer begrenzt. Das war auch ein Grund herzukommen. Ich wollte herausfinden, was diese Begrenzung für die Menschen bedeutet.

In Taiwan gibt es keinen Strand ohne ein Schild mit einer Warnung oder dem Verbot zu schwimmen. Es sei nicht richtig verboten, wird mir gesagt, aber im Notfall sei man eben selbst verantwortlich, müsse für die Kosten, die eine Rettung schlimmstenfalls verursache, selbst aufkommen, und die seien hoch. Doch ich habe allmählich das Gefühl, alles, was auf dieser Insel mit der Natur zu tun hat, ist gefährlich. Warum sonst wird sie eingezäunt, abgesperrt, eingeebnet?

Ich brauche lange, um mich mit diesen Reglementierungen zurechtzufinden, lange, um über die versehrte Natur hinwegzusehen, das komatöse Brachland zu ertragen, die hochgesteltzen Schnellstraßen, das hinter Beton weggesperrte, unerreichbare Meer.

Die Insel, so zeigt die Geschichte, war nie ein Ort des kontemplativen Rückzugs. Vielleicht war sie die mythische Insel Penglai, die im Altertum im Osten des chinesischen Meers vermutet wurde. Dorthin hatte der erste chinesische Kaiser Qin Shihuangdi fünfhundert Mädchen und Jungen geschickt, um das Elixier für die Unsterblichkeit zu suchen. Taiwan tauchte lange nicht in den chinesischen Annalen auf; es wurden ja auch keine Tribute an den chinesischen Kaiser entrichtet.

Eine Insel der Frauen war Taiwan, denn anders als im patriarchalisch-konfuzianischen China gaben bei den indigenen Völkern die Frauen den Ton an, herrschten über Clans, suchten sich die Männer selbst aus – die ersten chinesischen Schriftgelehrten, die Taiwan bereisten, waren entsetzt.

Jahrhunderte stritt man sich am Kaiserhof in Peking, ob Taiwan die Mühe lohne, kultiviert zu werden, ob die Insel mehr war als ein Klumpen Dreck[60] oder ob sich in der abweisenden Welt der rohen Wilden, im zentralen Bergmassiv, dem undurchdringlichen Dschungel vielleicht doch Jade und andere wertvolle Erze versteckten. Siedler und Händler kamen auf der Suche nach Abenteuer, schickten Boote aus, die schwer beladen zurück nach China fuhren.

Zufluchtsort war Taiwan für Tausende, die sich aus ökonomischen oder politischen Gründen auf klapprigen Booten über die Taiwanstraße wagten. Etwa für Koxinga, der mit seinen letzten Truppen im 17. Jahrhundert als Ming-Loyalist vor den Mandschuren nach Taiwan flüchtete. 1949 für die Kuomintang-Truppen nach ihrer endgültigen Niederlage gegen Mao Zedong und Hunderttausende, die ihnen folgten; Menschen, die jahrzehntelang von einer Rückkehr träumten, und Militärs mit der Illusion, von der Insel aus das Festland zurückzuerobern. Für die zwölf Hongkong-Aktivisten, die 2020 mit ihrem Schlauchboot nach Taiwan zu fliehen versuchten und von der chinesischen Seepolizei abgefangen wurden; sie wurden in China für diesen Fluchtversuch verurteilt. Für den Hongkonger Buchhändler Lam Wing-kee. Für Piraten, Verbannte, Abenteurer.

Doch die Geister folgten ihnen auf dem Fuß, rächten begangenes Unrecht. Ihnen waren die 180 Kilometer, die Taiwan vom Festland trennt, nicht zu weit. So schreibt es Li Ang in *Sichtbare Geister*. Sie folgten den Töchtern und Söhnen der Insel noch ins Exil in die

USA. Ein von Geistern und Albträumen verfolgtes Volk – ein Topos in der Literatur Taiwans. K-Ming Chang spricht in ihrem Roman *Bestiarium* von der Geisterbrücke zwischen den Meeren; wenn man übersetzen wolle, zahle man als Tribut an das Meer mit einer Münze, einem Armband – oder mit dem Leben.[61]

Wer die Fahrt über den schwarzen Graben – wie die Hakkas und Holos die Taiwanstraße nennen –, überlebte, baute Tempel, sah mit bangem Blick zurück, hoffnungsvoll nach vorn. So erklärt meine Mitbewohnerin mir die Vielzahl der Tempel, in den Städten, an jeder Straßenecke einer, in den abgelegenen Bergen. »Sie alle hatten ihre Götter von überallher mitgebracht, eine hölzerne Armee stummer Zeugen verlorener Heimaten«, schreibt Chen Yu-hui in ihrem auf drei Generationen angelegten Familienroman *Die Insel der Göttin.*

Da ist sie wieder, diese eingekapselte, eingenähte Vergangenheit, die gefährliche Flucht auf Booten, das Unheil, von einer Generation an die andere weitergegeben, vererbte Traumata, mit Ritualen und Opfergaben beschworen, mit dem Bau von Tempeln, damit sich alles zum Guten wende, die tiefsitzende Furcht und die schattenhaften Erinnerungen von ihnen lassen.

Die Westküste Taiwans also war Ankunftsort und dicht besiedelt. Auch für die Holländer im 17. Jahrhundert. Eine schöne Insel, fanden sie und nannten sie Formosa. Der Name hielt sich bis in unsere Zeit. Sie rekrutierten Chinesen vom Festland für den Anbau von Reis und Zuckerrohr. Später holten die Qing-Beamten aus demselben Grund Bauern aus den südchinesischen Provinzen Fujian und Guangzhou. Taiwan, womit anfangs nur die Westküste und eine der drei Verwaltungseinheiten gemeint war, wurde zur lukrativen siebten Präfektur Fujians. Logisch also, dass die ersten Landkarten aus der Perspektive des chinesischen Festlands gezeichnet wurden. Die Flüsse befingern die Insel, die Menschen leben mit dem Rücken zum zentralen Bergmassiv, das sich von Norden nach Süden längs durch die Insel zieht mit Gipfeln, die zu den höchsten Nordostasiens gehören. Dorthin zogen sich die Ureinwohner zurück.

Von der Region jenseits dieses Küstenstreifens, der »wilden Grenze«, die 1722 gezogen wurde, sprach man als Niemandsland, das später deshalb umso leichter anzueignen war. Wo niemand lebt, gehört dem das Land, der es erobert und kultiviert. Das war im 19. Jahrhundert das Argument der Japaner und Amerikaner. Da wurde man in Peking hellhörig, legte Hand auf die ganze Insel und verlieh Taiwan 1887 flugs den Status einer Provinz. Wenige Jahre zuvor hatte sich die Qing-Dynastie an der Westgrenze Chinas Xinjiang einverleibt. Das Reich schwächelte und war doch so groß wie nie zuvor.

1895 annektierte Japan Taiwan, nachdem sich die Taiwaner mit List und Tücke lange gegen die maritimen Nadelstiche der Japaner gewehrt hatten. Einmal hatten sie Bambusrohre mit Wespen gefüllt und sie auf die Angreifer geschossen, die hielten sie für Torpedos, öffneten sie an Bord und wurden im selben Augenblick kampfunfähig gemacht. Ein andermal ließen die Taiwaner bemalte Kürbisse mit Menschengesichtern zu Wasser, und die Japaner verschossen in heller Angst ihre gesamte Munition.[62]

Patriotische chinesische Beamte lamentierten, dem chinesischen Kaiserreich – das der Abtretung Taiwans zustimmen musste, weil es einen Krieg gegen Japan verloren hatte – sei ein Körperglied abgetrennt worden. Unter diesem Phantomschmerz leidet die kommunistische Regierung Pekings bis heute, die die hegemonialen Ansprüche der Qing-Dynastie – auch an den West- und Nordgrenzen des Reiches –, übernommen hat und wie ein Kaiserdrache darüber wacht, dass sich kein Territorium vom Reich der Mitte abspaltet, selbst wenn die Regierung der Volksrepublik China keinen einzigen Tag über Taiwan regierte.

1979 trägt ein Aufstand gegen die Militärdiktatur wieder den alten Namen der Insel, schöne Insel, *meilidao*; auch das ist ein Stück der Inselgeschichte. Man wehrte sich gegen den Namen Taiwan (»Terrassenbucht«), eine von den Chinesen übergestülpte Kappe, die die selbstbewussten Inselbewohner nicht mehr länger zu tragen gewillt waren. Der Aufstand gilt deshalb als wichtigster Meilenstein in der Geschichte der taiwanischen Opposition.

So füge ich die Facetten zusammen, sammle und versuche mir diese Insel zu erklären.

Taiwan liegt inmitten 166 weiterer Inseln – jede mit einer eigenen Geschichte, jede besungen, beschwört, missbraucht. Dazu gehören selbst diejenigen, wie die Diaoyutai-Inseln nördlich von Taiwan, auf die auch Japan und China und bis 1972 die USA Anspruch erheben und diesen mit aufsehenerregenden Aktionen wie Fahnen hissen, Leuchttürme bauen, Segeltörns, Erdölbohrungen und zweifelhaften Parolen unterstreichen.[63]

Die Schildkröteninsel liegt vor Toucheng. Das Tier hebt den Kopf, je nachdem, aus welchem Blickwinkel man es betrachtet, heißt es. Das stimmt, sie folgt einem, selbst als wir in der Ferne über die Autobahn fahren.

Vor der Küste in Jilong liegt die Friedensinsel, die ihren Namen als Erinnerung an den Aufstand vom 28. Februar 1947 erhielt. Eine Brücke verbindet sie mit der Hauptinsel, gut bewacht und umzäunt. Ein Spaziergang am schönsten Teilstück des Strandes ist nur mit Helm erlaubt, weil Gefahr drohe. Ebenso sei Schwimmen gefährlich, erklärt mir ein Bediensteter der angrenzenden Anlage, der mit Helm und Schutzweste Besucher abfängt. Stattdessen sind zwei Betonbecken in den Boden eingelassen, zwar barrierefrei zugänglich, aber das Wasser steht nur kniehoch und ist brühwarm, schattenspendende Plätze oder Sonnenschirme gibt es nicht.

Jessica Lee, die in Berlin lebt und sich dem *nature writing* verschrieben hat, geht in *Zwei Bäume machen einen Wald* dem Verhältnis der Taiwaner zu ihrem Meer nach. Selbst das Schriftzeichen für Insel denkt das Wasser nicht mit, sondern bedeutet lediglich, dass ein Vogel auf einem Berg sitzt (島).[64]

Die Silhouette der einstigen Gefängnisinsel Lüdao, wo während der Militärdiktatur zahllose Gefangene im tristen Gefängnisalltag zermürbt wurden, zeigt sich oft nur undeutlich im aufkommenden Sturm, verschwimmt und verschwindet schließlich im Dunst.

Auf der Insel Lanyu wird gegen den Willen der Ureinwohner radioaktiver Abfall gelagert. Sie wurden über die wahre Natur des Mülls belogen und kämpfen bis heute darum, dass er wieder von dort verschwindet. Sie wollen sich auch nicht mit Kompensationszahlungen abspeisen lassen.[65] Um vielleicht diese Insel geht es in Wu Ming-yis Roman *Der Mann mit den Facettenaugen.* Ein Mann wagt sich allein – weil es die Tradition so will, er möchte heiraten – in einem Boot hinaus auf den Pazifik. Ein Sturm wirft ihn auf eine Insel aus Plastik, danach spuckt ihn ein Unwetter wieder an der Ostküste Taiwans aus.

Ist in der Literatur Taiwans die Rede von Inseln, geht der Blick mitunter wehmütig zurück in eine Welt, die noch intakt war, und zwischen den Zeilen schwingt Trauer mit. In den Jahrzehnten des Wirtschaftsaufschwungs ist die Verbundenheit mit der Natur verlorengegangen; lange Zeit bot nichts der Umweltzerstörung Einhalt. Politiker trieben die Landenteignung voran, um eigene Investitionsinteressen durchzusetzen, mancherorts in Zusammenarbeit mit Gangs und sogenannten Sicherheitsfirmen, um die Aktivisten einzuschüchtern.[66]

Der Inselwelt mit ihrer ganzen Ambivalenz widmet die Künstlerin und Lyrikerin Tsai Wan-shuen, die in Penghu aufgewachsen ist, ihren Gedichtband *Ich möchte im Meer erwachen*. In manchen ihrer Gedichte hinterfragt sie den Umgang der Menschen mit der Natur, wie sie sich dem ökonomischen Druck beugen, sich dem

Meer entfremden. »Von den älteren Bewohnern käme niemand auf den Gedanken, aus reiner Sinnenfreude zum Beispiel seinen Fuß ins Meerwasser zu halten, im Wasser zu planschen, zu schwimmen aus purer Lust«, sagt sie mir im Gespräch.

In ihrem Gedicht »Mutterinsel« beschreibt sie ohne jegliche Romantisierung das raue Inselleben. Das Leben muss Wind und Wasser abgetrotzt werden. Die Menschen sind froh, in die Stadt fortgehen zu können, um den Fischgeruch loszuwerden, auch wenn die Gehälter in den Fabriken niedrig sind. »Du träumtest davon/ in die Mittelschule zu gehen/ aber die Winterwinde trieben dich auf eine Baustelle/ Du branntest die eigene Erde/ zu Backsteinen für andere/ Der Geruch von Sardinen aus dem Ofen/ Staub und Meersand/ flogen in die Wolken, kamen als Regen herab/ Tage/ schwerfällig/ so viel Salz, so viel Wind.«[67]

Es ist mir ein Rätsel, was es für die Menschen wirklich bedeutet, wenn regelmäßig Stürme über die Insel fegen, Wasser die Ufer überschwemmt, die Erde zittert, die Vulkane erwachen, wenn Brücken und Straßen bröckeln, Beständigkeit wegbricht. Inselfantasien sind dieser Insel nicht überzustülpen.

Jade

Farbenexplosion in der Blumenhalle. Wasserperlen hängen in der Luft, legen sich auf die Haare an meinen Armen. Ein angenehmer Windhauch streicht durch den Gang. An einem Sonntagnachmittag streune ich ziellos umher.

Der Jademarkt beginnt auf der anderen Straßenseite. Die Halle ist niedriger, dunkler, darin laufen jeweils drei, vier, manchmal sechs Gänge parallel. Hier sind weniger Menschen unterwegs. Die Händler schauen ausdruckslos auf ihre Korallen, Jadesteine, Tigeraugen, Bernstein, Lapislazuli; das sind die Steine, die ich kenne, aber es gibt noch ganz andere. Wenn man sich zu viele von diesen meist grünen, manchmal auch weißen Jadesteinen angesehen hat, erkennt man irgendwann nichts mehr, erst recht keine Unterschiede, die Preise von umgerechnet circa drei bis dreitausend Euro rechtfertigen könnten. Die dunkelgrünen mit der unregelmäßigen Maserung gefallen mir besonders. Gehören sie auch zu den wertvolleren?

Beim nächsten Besuch wage ich danach zu fragen. Eine Verkäuferin antwortet mir, wenn ich den Unterschied ohnehin nicht erkenne, tue es doch auch eine billige Kette. Und wenn mir die Kette gefalle, solle ich mir die Nummer über ihrem Tisch merken.

Ich komme gerne hierher. Die Atmosphäre ist leicht verrucht, unklar das Gewerbe. Warum dreht ein Mann einen weißen Armreif so lange im Licht hin und her? Was sieht er, was ich nicht sehe? Ein Handel mit Illusionen?

Jazz

Wie bin ich nur auf Jazz gekommen? Die Standards von Billie Holiday, Julie London, Ella Fitzgerald habe ich früher gern mitgesungen. Und während meiner Zeit als Au-pair in Paris ging ich zu Jazzkonzerten, weil ich dachte, das tue meinem Bildungshorizont gut, unter dessen Beschränktheit ich als Jugendliche in einer schwäbischen Kleinstadt litt. Free Jazz war mir oft zu intellektuell, zu verschroben, zu schwierig.

Hier aber, in den kleinen Bars, schwingt die Luft, trägt einen fort. Ich mache mir keine Gedanken, weshalb ich die eine oder andere musikalische Volte nicht wertschätze. Und was die Musiker hinlegen, finde ich trotz meiner bescheidenen Kenntnisse beeindruckend. Begeisternde Schlagzeuger, hingebungsvolle Saxophonspielerinnen, innovative, anarchistische Pianisten – sie spielen, von wenigen Ausnahmen abgesehen, versunken, selbstvergessen, intensiv.

Jazz ist überall.

Im Autoradio eines Bekannten aus dem Bildhaueratelier, der mich in die Stadt zurück mitnimmt und der wochenlang an seiner Buddhafigur aus Ton bastelt und streicht, bis auch die kleinste, kaum wahrnehmbare Delle ausgebessert ist. In jedem Taxi. Selbst im Supermarkt läuft Free Jazz im Hintergrund.

Es ist immer ein leichter und doch inniger Ton, den ich so schätze, nicht banal, stets anregend, nie exaltiert. Ein heiteres Hören, so wie auch der Lyriker Hung Hung es in seinem Gedicht auf die älteste Jazz-Bar Taipeis beschreibt, das Blue Note: »Wie in einer Wabe / hängt sie in der Luft / Jeden Abend ein neuer Auftritt der abtritt / gelungen oder missglückt / die Gelegenheit / wird Inspiration / tritt auf tritt ab / Liebe wird Illusion / so wie das Leben / Winde treffen aufeinander und trennen sich / Glück in Musik gegossen / ein Stolpern in der Grammatik / du nennst es Blue Note / für mich ist es Taipei«.[68]

Jiantan

Stadtwandern, zum Beispiel gleich hinter den Hochhäusern von Jiantan, dem Schwertsee, nach dem auch die U-Bahn-Station benannt ist. Ein Holländer hatte einst sein Schwert in einen Baum gerammt, der hier an den Ufern eines Sees stand. Der Wipfel des Baumes war so dicht, dass kein Sonnenstrahl auf die Erde fiel, der Stamm so dick, dass nur viele Arme ihn umfassen konnten.[69]

Den See gibt es nicht mehr, ausgetrocknet oder zugeschüttet wie Sanjiaodu. Seit ich diesen Namen kenne, rätsle ich, wo er vielleicht war. Die Station ist einem Drachenboot nachgebildet, erfahre und erkenne ich erst dann.

Über einen schmalen Pfad steige ich im Mai den Yuanshan hinauf. Die ersten Treppenstufen übersehe ich fast im wildüberwucherten Unterholz. Ein rotes Schild warnt vor Steinschlag; ich blicke hoch, ändere meine Route und sehe mich um. Schwalben lassen sich zwischen den Häuserschluchten in die Tiefe fallen.

Nach etwa hundert Treppenstufen lichtet sich der Wald, verwunschene Plätze öffnen sich. Ich setze mich für einen Moment auf einen tönernen Hocker. Unter mir rauscht die Stadt. Als eine Moskitowolke mich aufscheucht, höre ich Karaoke-Schmachtfetzen und entdecke ein im Bambusgebüsch verborgenes Paar, dann noch eines, als träten sie um die musikalische Vorherrschaft am Berg an. Weiter oben dumpfe Schläge unter einem geschwungenen roten Dach. Wahrscheinlich ein ehemaliger Tempel. Oder nur ein Aussichtspavillon. Dort stehen abgehalfterte Krafttrainingsgeräte, an denen Frauen und Männer herumturnen. Währenddessen haben sie die Stadt fest im Blick.

Aber von unten kann man nichts sehen. Sind diese Menschen deshalb hier? Im wieder dichten subtropischen Wald lasse ich mich von den Pfaden führen. An Gabelungen stehen manchmal zu viele, manchmal zu wenige Wegweiser. Die Vögel zwitschern von überall, das Klacken der Wanderstöcke auf Beton begleitet mich.

Als Tänzerin würde ich mir diese Plätze erobern. Auf manchen dieser freien Plätze erkenne ich die Linien eines Badmintonspielfelds. Die Pavillons, an denen ich vorüberkomme, tragen Namen wie alter Ort, federleichter Pavillon, Mutter, die zum Himmel aufsteigt. Ebenso dem Himmel verbunden ist das Airport Observatory, eine Aussichtsplattform. Von hier hat man einen Blick auf die Startbahn des Songshan-Flughafens, von dem größtenteils die Inlandflüge abgehen; doch die Flugzeuge stehen zurzeit am Boden. Einige wenige befördern nun Luftfracht, nachdem die Regierung eine Sondergenehmigung erteilt hat.

Erst von hier oben verstehe ich, wie die Flüsse fließen, wie sich der Jilong-Fluss windet, bevor er in den Tamsui-Fluss mündet. Unter der Bailingqiao-Brücke hindurch lässt er Shilin in einem weiten Bogen hinter sich. Diesen Bogen bemerkte ich nicht, als ich an meinem ersten Morgen in Taipei am Fluss entlangging.

Am Fuß des Hügels liegt ein Vergnügungspark leer und verlassen hinter einem Zaun. Und da, wo heute das Grand Hotel ist, stand früher der bedeutendste Shinto-Schrein Taiwans, einem japanischen Prinzen gewidmet, der 1895 im Kampf gegen taiwanische Widerstandskämpfer starb.

Der Horizont ist inzwischen verschwommen, der Himmel hängt tief, der 101-Tower steckt in Wolken. Die Aussicht wird zur Kurzsicht. Über allem liegt der dichte Geräuschteppich der Stadt. Darunter mischt sich das laute Gurren eines Vogels in der Nähe.

Ich klappe mein Buch zu, wehre mich gegen die Moskitos, die mich durch die Kleider hindurch stechen.

Zeilen aus Ye Mimis Gedicht »Wie schwarz denn noch?« kommen mir in den Sinn: »Was ist mit deiner Melancholie? / Die ist beim Sonntag geblieben. / Wie schwarz ist sie noch? / So dunkel, dass ich damit drei Gassen abgehen kann. / Dampft sie? / Nicht wenn ich am Meer bin. / Und deine Knie? / Jeden Abend stechen Moskitos heimlich kleine Fleischkrümel aus.«[70]

Ich lasse mich locken von roten Tempeldächern, die durch Bambus schimmern, einer Dachtraufe über einem Bach. Das Schild kann ich nicht vollständig entziffern, folge ihm trotzdem, oder dem ungewöhnlichen Licht. Manchmal kann ich das, dem Augenblick folgen, nichts sonst, ohne Ziel; das verdürbe alles. Ich bleibe noch mal stehen, lasse den Blick über die Menschen schweifen. Manche spielen Schach auf einem steinernen Tisch, andere stehen darum herum und schauen zu, sind still, geben Ratschläge.

Es ist die Ruhe hier an diesem Ort, die ich genieße wie selten etwas.

Jiaozi

Oft liegen Verabredungen und Kurse quer im Abend. Hungrig schlage ich spät den Weg nach Hause ein, doch nicht hungrig genug für 7-Eleven. In einer dunklen Seitengasse sehe ich etwas grün schimmern und gehe auf dieses Licht zu. Es ist ein Laden. Ich bin unsicher, ob er überhaupt geöffnet hat, so schwach flimmert das grüne Schild, darunter eine Frau mit schlohweißem Haar.

Ich frage sie, ob sie das, was da auf der Menükarte über dem Eingang geschrieben stehe, so spät noch anbiete. Eine kurze Unruhe in ihrem Gesicht, als ich sie anspreche, dann ein Aufatmen – wie so oft. Angesichts einer Ausländerin stehe sofort das eigene Unvermögen vor Augen, nicht adäquat antworten zu können, falls es auf Englisch sein müsse, erklärte mir meine Mitbewohnerin dieses unruhige Aufflackern im ersten Moment.

Ja, sie habe Jiaozi, mehr sagt sie nicht, keine Handbewegung ins Innere des kleinen Imbisses. Ich frage, ob ich eintreten dürfe oder ob der Laden geschlossen sei. Ja, nein, sagt sie, erst da wacht ihr Gesicht richtig auf, die Augen blitzen. Ich gehe hinein, setze mich hin. Sie schaltet den Ventilator auf die höchste Stufe, bevor sie mich fragt, was ich nun wolle, wie sie die gefüllten Teigtaschen zubereiten solle.

Ich sage »gekocht«.

Sie trippelt davon, spricht dabei laut – ist sie wirr im Kopf, mit wem spricht sie? –, da antwortet eine helle Stimme. Erst da sehe ich einen Jungen auf einer Sitzbank, der seine Hausaufgaben macht. Es ist schon nach zehn.

Er solle mit mir Englisch sprechen, sagt sie lachend zur Tür des Kühlschranks, wartet keine Antwort ab, es kommt auch keine. Stattdessen blubbert über mir der Fernseher die neuesten Corona-Zahlen, die aktuellen Sportergebnisse.

Mein Blick gleitet über die Speisekarte, ich lese *pidan* (»Ledereier«) und rufe ihr zu, die hätte ich noch gern, ob sie die habe.

Sie wundert sich, lächelt, nickt kurz und kommt wenig später mit den halbierten Eiern unter gestreuseltem Schnittlauch, linst aus den Augenwinkeln immer zu mir herüber, als könne sie es kaum glauben, dass sich um diese Uhrzeit noch eine Ausländerin in ihren Laden verirrt hat.

Beim nächsten Mal steht ein halb so alter Mann im Laden, das Bestellen, Verspeisen ist nur halb so spannend, erst beim übernächsten Mal ist sie wieder da und auch der Junge. Ist sie die Mutter, die Großmutter, eine Tante?

Karaoke

Aus den Holzschuppen am Fluss wehen schon am frühen Morgen Melodien herüber. Geschmachtet wird nach Liebe, die Stimmen klingen nach unstillbarer Sehnsucht.

Wonach suchen die Menschen, die ich ab sieben Uhr in der Früh dort in den dicken Ordnern mit Liedtiteln vor- und zurückblättern sehe? Kaum halten sie beim Blättern inne, seufzen kurz, ihr Blick geht nach innen, sie blättern und blättern, als müsste das Lied, das sie suchen, erst noch geschrieben werden, als hätten sie alles schon durchgesungen, als könnten Wünsche so auch nicht gestillt werden.

Dafür sind die Götter in den Tempeln zuständig.

Und zwischen den Melodien das Surren der Motorroller wie Moskitos, wenn sie am Fluss entlang schnurren und dann für die Steigung hinauf auf den Damm nochmals Gas geben.

Das sind diese Momente, ich werde sie vermissen. Und was ist es, was mir dann, weit weg, in den Sinn kommt, wenn es nicht untergegangen ist im Alltagsrauschen?

Kassenzettel

Eines Tages nehme ich einen Kassenzettel mit, zeige ihn Serena und bitte sie, mir all die Zahlen darauf zu erklären, allen voran die 109, prominent und überall, auf Milchpackungen zum Beispiel, dort, wo sonst das Verfallsdatum steht.

Ja, das sei eine Eigenheit, erklärt sie. In Taiwan werden die Jahre anders gezählt. Das Jahr 1 beginne nach der Abdankung des letzten Kaisers von China mit der Gründung der Republik China 1912, so wie früher mit jedem neuen Kaiser in China eine neue Ära begann. So werden die Jahre seit 1945 gezählt. Die KMT als Erbin der letzten Kaiserdynastie hat diese Zählung vom Festland mitgenommen.

Diese Zahl aber, sie zeigt auf eine lange Nummer am oberen Rand des Kassenzettels, sei viel wichtiger. Jedes Geschäft, jedes Café müsse seine Verkäufe nachweisen, und sei der Betrag noch so klein, um Steuerhinterziehung zu vermeiden. Diese Zahl sei auch eine Nummer bei einer Lotterie, die alle zwei Monate durchgeführt werde. Deswegen seien die Menschen so scharf auf die Kassenzettel.

Ich staune, wie hier Steuerpflicht mit Spiellust kombiniert wird – keine schnöde Einführung einer neuen »Belegausgabepflicht« wie in Deutschland 2020. Nur schon des Spaßes und der Neugier wegen sammle ich von da an meine Kassenzettel und warte gespannt, bis die Seite mit den aktuellen Zahlen aufgeschaltet wird.

Das staatliche Lotteriesystem macht es einem einfach. Ich muss nicht alle acht Ziffern vergleichen, sondern tippe bloß die letzten drei Nummern ein, sofort kommt ein »sorry« oder »Du hast mindestens zweihundert NTD gewonnen«. Es blinkt, und ich gewinne tausend NTD-Dollar (circa dreißig Euro), die ich mir in jedem Laden wie beispielsweise 7-Eleven auszahlen lassen kann. Bekannte können es kaum glauben, das sei ihnen noch nie passiert!

Weil sich in den letzten Wochen so viele Zettel angesammelt hatten, trennte ich die untere Hälfte der langen Kassenzettel ab, damit sie besser in den Umschlag passen, in dem ich sie aufbewahrte. Aber ausgerechnet diesen Teil möchte der Verkäufer nun sehen, als ich meinen Gewinn abholen will. Ich habe also tausend NTD gewonnen und verloren.

Seither schiebe ich sämtliche Kassenzettel in die Schlitze transparenter Boxen, die Hilfsorganisationen aufstellen, damit sie damit ihr Glück versuchen können.

Klima

Ob es in Taiwan regnet oder die Sonne scheint, wen kümmert das anderswo? Regnet es dieses Jahr mehr als sonst? Hat sich das Klima geändert?

Fragen, auf die ich keine Antworten, ein Achselzucken bekomme, selbst von den Drachenbootpaddlern, die dem Wasser so nah sind. Also frage ich nicht mehr, solange ich in Taiwan bin. Später, als ich gefragt werde, wie das mit dem Klimawandel in Taiwan sei, den man auf einer Pazifikinsel doch spüren müsse, ob es keine Angst vor Überflutung gebe, vor dem Ansteigen des Meeresspiegels, wie ihn andere Inselbewohner fürchten, recherchiere ich weiter.

Zwischen 1961 und 2003 ist der Meeresspiegel um 2.4 Millimeter gestiegen, zwischen 1994 und 2013 um 3.4 Millimeter.[71]

Greenpeace Taiwan warnt, dass der Meeresspiegel hier zweimal schneller steige als anderswo, dass beispielsweise der Songshang-Flughafen in den Fluten versinken könne.[72]

Die englischsprachige Online-Zeitschrift *Taiwan News* meint, es blieben gerade noch zwölf Jahre, um die Hauptstadt umzusiedeln, bevor sie untergehe.[73]

Im April und Mai 2021 herrscht die schlimmste Dürre seit Jahrzehnten. Zu viel Wasser und zu wenig.

Dennoch wird der Klimawandel von keiner Partei als bedeutsames Thema aufgegriffen, wenngleich für eine Begrenzung von Bau- und Industrieland, gegen Abholzung und Atommülldeponien demonstriert wird. Zwar hat sich die Regierung das Ziel gesteckt, 2050 klimaneutral zu sein, doch davon ist Taiwan noch weit entfernt. Im Dezember 2021 lehnten die Taiwaner per Referendum die Aktivierung eines Atommeilers ab und stimmten gleichzeitig dem Bau eines Flüssigerdgaswerks zu, das einen Eingriff in das empfindliche Ökosystem vor der Westküste bedeuten würde. Die Antiatombewegung hat nicht erst seit dem Vorfall von Fukushima Auftrieb erhalten und will die erneuerbaren Energien ausbauen. Die Klimaavantgarde kämpft indes dafür, dass die Atomkraft bleibt. Die NGOs sind zersplittert, es gibt keinen einigenden Dachverband.[74]

Als es im Frühjahr 2021 zu dieser extremen Dürre kommt, ist der Klimawandel zentrales Thema in den Medien. Die Journalistin Chen Yu-ju berichtet in einem ausführlichen Gespräch mit Radio Taiwan, dass sich der Klimawandel in extremen Wetterschwankungen zeige, mal sei es zu trocken, mal regne es zu stark, und vor allem verteile sich der Niederschlag ungleich über der Insel. In Taipei sei die Luftfeuchtigkeit beispielsweise höher; es regne wegen der Windverhältnisse mehr und stärker als in Zentraltaiwan. 2020 habe kein Taifun über der Insel gewütet; das sei das letzte Mal 1964 geschehen, wo doch normalerweise drei bis vier Taifune pro Jahr über Taiwan fegten.

Ohne diese Wirbelstürme füllen sich die Stauseen nicht mit Wasser. Die Bilder vom beliebten Ausflugsziel Riyuetan, dem Sonne-Mond-See, sind erschreckend; der Seeboden ist ausgetrocknet, rissig und grün.

Seit 1993 schon gebe es Dürreperioden. Das sei nichts Neues, sagen Freunde. Damals lagen die Schiffe im Hafen von Jilong drei Monate lang auf dem Trockenen, in Kaohsiung musste Trinkwasser im Supermarkt gekauft werden.

Trinkwasserknappheit hänge nicht nur mit der hohen Bevölkerungsdichte in den Städten zusammen, sagt Chen in Radio Taiwan. Das Trinkwasser speise sich größtenteils aus Stauseen, die das Wasser aus den Bergen auffangen, das naturgemäß viel Geröll und

Sand mit sich führe. So hätten die Stauseebecken inzwischen nur noch dreißig bis fünfzig Prozent ihrer eigentlichen Auffangkapazität. Auch sei der Wasserpreis einer der niedrigsten weltweit, weshalb Wassersparen ein Fremdwort sei. Viele Rohre seien alt und undicht; durch Lecks gingen fünfzehn Prozent des Wassers verloren. Und die Unternehmen im Hochtechnologiebereich brauchten sehr viel Wasser, um die Produktionsprozesse abzukühlen, weshalb man überlege, für große Unternehmen eine Wassersteuer einzuführen.[75] Fünf Prozent der Verbraucher benötigen knapp die Hälfte des Wassers, darunter China Steel Corporation, die Petrochemiewerke CPC Corporation und der Halbleiterhersteller TSMC (Taiwan Semiconductor Manufacturing Company), der einflussreichste Chiphersteller der Welt.[76]

In der Dürrezeit im April und Mai 2021 mussten Haushalte zwei Tage pro Woche auf Wasser verzichten – die einschneidenste Maßnahme in Zentraltaiwan in den letzten fünfzig Jahren –, während die Fabriken lediglich dazu angehalten worden waren, ihren Verbrauch um fünfzehn Prozent zu drosseln.[77] In der Dürre 2021 haben einige Unternehmen Hunderte Lastwagen gemietet, um Tausende Kubikmeter Wasser aus entfernten Regionen ankarren zu lassen.

Warum sollte man sich im Westen für das Wetter in Taiwan interessieren? Dafür, dass Industrieanlagen so viel Wasser abpumpen, weil für die Herstellung eines einzigen Chips etwa hundert Liter nötig sind, dass der Grundwasserspiegel immer weiter sinkt, dass Friedhöfe und Häuser ins Meer absacken, dass womöglich auch die Pfeiler für die Trasse des Highspeedzugs einknicken könnten?[78]

Weil die Halbleiterindustrie davon betroffen ist! Neunzig Prozent der am weitest entwickelten Mikrochipfirmen befinden sich in Taiwan.[79]

Weil die Chips knapp werden, auf die die deutsche Automobilindustrie angewiesen ist, weil dies zu Turbulenzen an der Börse führen könnte.[80]

Klimakolonialismus ist, wenn die einen über ihren Verhältnissen und auf Kosten der anderen leben, als lebten wir nicht auf demselben Planeten – so lautet der Titel der Taipei Biennale 2020, »You and I don't live on the same planet«;[81] Künstlerinnen und Künstler sehen die geopolitischen Spannungen und die sich verschärfende ökologische Krise in einem Zusammenhang. Wie lässt sich der Wohlstand aufrecht erhalten bei gleichzeitiger Bestandsbewahrung unserer Ressourcen?

Ich rufe eine meiner ehemaligen Mitbewohnerinnen an. Sie erzählt, dass ihre Freunde in Taichung eimerweise Wasser für die zwei wasserlosen Tage sammeln, oder sie kaufen Wasser in einem Geschäft. Ja, die Regierung habe den Firmen erlaubt, das Grundwasser anzuzapfen. Und ja, das sei ein Problem.

Ich chatte mit Serena. »Jedesmal fragst du mich, wie die Taiwaner diese und jene Katastrophe erleben«, lacht sie. »Wir nehmen das nicht ganz so ernst, sind eben Optimisten.«

»Protestiert denn niemand dagegen, dass die Unternehmen Wasser verbrauchen dürfen, die Privathaushalte aber zwei Tage ohne Wasser auskommen müssen?«

Serena schickt mir ein Diagramm über die neusten Aktienentwicklungen, die Kursgewinne der Halbleiteraktien, darüber, wie viele Taiwaner in die Halbleiterindustrie investieren, dass der Mehrheit der Bevölkerung die Wirtschaft wichtiger sei. »Du musst wissen, dass die wirtschaftliche Situation vieler Familien keineswegs stabil ist. Und dieser Industriezweig ist der größte Arbeitgeber im Land. Niemand würde verstehen, wenn man diesen Halbleiterfirmen das Wasser für ihre Produktion wegnähme.«

Ein Diplomat und eine Journalistin sagten mir einmal, die Taiwaner seien so besetzt von den Fragen nach Identität, Selbständigkeit und der komplexen Beziehung zu China, dass daneben kein anderes Thema mehr Platz habe. Ich frage Serena, ob die Umwelt denn kein wichtiges Thema sei.

Sie hält dagegen: »Doch, schon, wir kümmern uns durchaus um die Umwelt. Schau mal, bei der Abfalltrennung sind wir wirklich vorbildlich. Es geht eben langsam, aber wir machen Fortschritte.«

Interessanterweise ist eher bei älteren Menschen eine Sorge um die Umwelt festzustellen. Sie schimpfen darüber, dass in öffentlichen Gebäuden oder etwa den 7-Eleven-Läden 24 Stunden lang das Licht brennt, auch nachts, wenn doch alles leer sei. Und die Leute vom Drachenbootteam erzählen, dass es den Flüssen wieder besser gehe. Noch 1998 berichtete die Umweltbehörde Taiwans, dass sechzehn Prozent, also 2088 Kilometer der insgesamt 21 Hauptflüsse, stark verschmutzt seien.[82]

Künstler sensibilisieren die Bevölkerung für den Zusammenhang zwischen Umwelt und Wasser, wie das vor Kurzem geschlossene Bamboo-Curtain-Projekt in New Taipei. Mit den Menschen aus dem Viertel wanderten Kulturschaffende an einem zwölf Kilometer langen Bach entlang; erst da gelangte in das Bewusstsein der Menschen, dass ihr Abflusskanal ein Bach war.[83] Die in Berlin lebende Künstlerin Agnes Su Yu-hsin verweist in ihrem Kurzfilm »Akaike River under Xizang Road« auf Flüsse, die unter Betonstraßen verschwunden und also verloren sind.[84]

Als der Regen nicht kam, säten die Behörden Wolken. Chemische Substanzen wurden in den Himmel geschossen, um Wolken regnen zu lassen.[85]

Das Wasseramt in Taichung führte eine Zeremonie durch, um die Schutzgöttin Mazu um Hilfe zu bitten, die es auch regnen lassen kann.[86]

Lieber schnallt man den eigenen Wassergürtel enger.

Lieber blickt man hinauf zu den immergrünen Wäldern in den Bergen, von denen das Wasser steil herabstürzt und ins Meer fließt. Und hofft, dass doch noch ein Taifun kommt.

Krieg

Der Himmel zuckt, rauscht, knallt, was ist das, ich ziehe den Kopf, die Schultern ein, sehe nach oben, sehe nichts, denn es ist dunkle Nacht, der Himmel vermutlich bewölkt, schaue kurz zu den Passanten, doch die reagieren nicht, zucken nicht wie ich zusammen. Ich sehe wieder hoch, weil es knallt, sehe nicht, wie ein chinesischer Düsenjet in Begleitung mehrerer Jagdbomber Taiwan so nahe kommt, dass die taiwanische Luftwaffe aufsteigt und sie zurücktreibt. Am nächsten Tag lese ich, dass die chinesischen Kampfflugzeuge den Luftraum über Taiwan verletzten.

Am Abend geht es so weiter, und ich stelle mir vor, was wäre, wenn sich im Flug eine Bombe zufällig löste. Die Flieger dröhnen so laut, sie scheinen dicht über unseren Köpfen hinwegzufliegen, der ganze Himmel ist in Aufruhr. Sie fliegen oft mit Überschall, dass es knallt und die kleinen Fenster der Altstadthäuser Tainans wackeln.

Die Menschen um mich herum gehen weiter, bleiben nicht stehen wie ich, schauen nicht hinauf in den Nachthimmel, als wäre nichts.

Am nächsten Abend stehe ich an einem Stand, der mit Süßkartoffeln gefüllte und frittierte Teigbällchen verkauft. »Das ist das Rezept unserer Großmutter«, erzählen die beiden Mädchen stolz und freuen sich, dass es mir schmeckt, holen noch eine Plastikbox aus der großen Tasche unter ihrem Stand, die müsste ich probieren. Mitten hinein knallt wieder der Himmel über uns, doch sie schrecken nicht wie ich zusammen. Sie zucken nur die Schultern, als ich sie frage. »Wir sind an die fremden Flugzeuge gewöhnt und dass die eigenen sie vertreiben, gewöhnt an die Jagd im bewölkten Nachthimmel. Das ist halt so.«

Am nächsten Tag sehe ich, dass doch hier und da jemand den Kopf hebt, wenn es düst und knallt. Oder sind es Touristen wie ich? Oder schauen die Leute nachts nur deshalb nicht, weil man ohnehin nichts sieht? Warum ausgerechnet jetzt? Weil der stellvertretende Ministerpräsident Taiwans die USA besucht, schreibt ein Journalist in *Taiwan News*.

Der Virus auf der Erde, die Kriegsflugzeuge am Himmel, und dazwischen steht der Mensch – das Dreigestirn der chinesischen Philosophie. Die Ungewissheit, die existentielle Unsicherheit ist präsent. Was heißt das im Alltag? Duckt man sich einfach, wenn das Unglück über einem kreist? Lebt mit eingezogenem Kopf zwischen den Schultern, damit man es nicht auf sich zieht?

Küste

Mein Mann ist die ersten drei Wochen mitgekommen. Wir fahren mit dem Mietwagen um die Insel, knappe 1600 Kilometer.

An der Westküste entlang. Ein hochgestellter Freeway, Blick über Brachland, braune lange Ackerstreifen, manche bewässert, Fischzuchtanlagen, grünmetallene Lagerhallen. Windkrafträder stehen nebeneinander wie ein Zaun vor dem Meer, Hafenkräne, braun alles, braungrünbraungrau. Drei Vögel habe ich bislang nur gesehen, sie fliegen Richtung Meer, wenn sie es denn finden, so zugestellt ist die Küste mit Strommasten.

Die Lyrikerin Tsai Wan-shuen hat vor Jahren ein Gedicht, »Drei Inseln – den weißen Delfinen gewidmet«, über dieses Küstenelend geschrieben und darin das Los der wenigen noch überlebenden weißen Delfine beklagt, die zurückschrecken vor diesem Land, weil es ihren Lebensraum so massiv bedroht, dass die Autorin sich wünscht, sie mögen zur eigenen Rettung dieser Küste und der Insel den Rücken kehren:

> Gier lässt sich beziffern
> sie dezimiert die Fische wegen ihr ist der Rauch so
> schwarz
> Sie umzingelt die Welt der achtzig Delfine wie Wasser so
> gewellt
> Dummheit lässt sich ebenfalls beziffern

wegen ihr wird alles zu Schwemmland billig zu haben
wegen ihr rutscht der Deich ins Meer
wegen unseres Hungers werden die Delfine sterben
Die Küste früh schon begradigt
nährt zahllose Leben
ist dem erbarmungslosen
Segen des Fortschritts im Weg.[87]

Fast entschuldigt sich die Autorin für den aktionistischen Ton in dem Gedicht, als ich sie nach konkreten Formulierungen befrage.

Ich bespreche dieses Gedicht mit Studenten, die Übersetzer werden wollen. Ich frage mich, wie sie diesen stillen Protest finden, ob sie ihn ernst nehmen. Ich spüre keinen Widerwillen, keine Abneigung gegen die Düsternis in diesen Zeilen, im Gegenteil.

Auf der Fahrt weiter Richtung Süden kommen wir durch leere Dörfer. Nur wenige Menschen sind unterwegs, die wenigen achtlos gekleidet, ärmlich, braun verwitterte Gesichter, von der Sonne, vom Leben, von dem sie nichts zu erwarten scheinen, so leer sind ihre Augen.

Die meisten Häuser sind flache gesichtslose Kästen. In manchen Orten werden sie überragt von großen, geschwungenen Tempeldächern – den Göttern wird üppiger Schmuck gegönnt. Mitunter eine einzelne Palme, braungesprenkelt am Straßenrand. An wenigen Stellen züngelt das Meer über Schlick, der in der Sonne glänzt. Kurz vor Tainan immer mehr Palmen, ausgedehnte Maisfelder. Kleine Vögel sitzen auf den Stromleitungen, mit dem Kopf Richtung Meer.

In Kenting ist der Strand hell, das Meer wuchtig und blau, wenn die Sonne kurz durch die Wolken bricht. An den Rändern der Strände stehen Abfallkästen, weitum Parkplätze, als ob vermieden werden soll, sich hier allzu wohlzufühlen. Am Abend gehen wir zum Hafen, die Überwachungskameras hängen kopfüber von den Masten, die Boote liegen still vertäut. In einem langgestreckten Gebäude reiht sich ein Restaurant ans andere, sie alle bieten frischen Frisch, doch nur in einem sind Leute. Wir setzen uns zu ihnen auf wacklige Hocker, die Tische sind mit abwaschbarem Wachstuch bedeckt. Mit der Bedienung gehen wir vor die Tür und lassen uns die Fische zeigen. Die Auswahl fällt schwer.

Im Osten, nachdem wir die Südspitze Taiwans hinter uns gelassen haben, verfahren wir uns. Auf schmalen, kurvigen Straßen geht es durch das hügelige Hinterland, Holzpfähle stehen wie Totems an den Dorfeingängen.

Weiter, immer weiter die schrundige Küste entlang. Gewaltige Betonklötze sollen verhindern, dass das Meer die Straße und den Hang unterspült, Sand hinausträgt. Auch in Taidong versperrt eine Halle wie ein überdimensioniertes kantiges Gürteltier, so schieben sich ihre Elemente ineinander, die freie Sicht aufs Meer. Der Strand ist steinig und schwarz, kilometerlang.

Über Nacht kommt ein Sturm auf, der am Tag weiter anschwillt. Noch nie habe ich solch einen Sturm erlebt. Ein heftigkalter Februarsturm. Am Himmel nur ein dunkelgrauer Streifen. Kein Vogel nirgendwo. In regelmäßigen Abständen ein wummerndes Geschwader, das aufsteigt vom Stützpunkt der Luftwaffe in der Nähe von Taidong. Kampfjets fliegen paarweise, zu dritt, zu fünft, dicht unter den hellen, sich jagenden Wolken.

»Der Sturm kommt von Nordost«, sagt das Zimmermädchen. »Das Wetter schlägt um. In Taipei sind es heute weniger als zehn Grad; nur hier ist die Temperatur noch nicht gefallen, der Sturm stattdessen gekommen.«

Der Sand, vom Wind hochgeschleudert, schmerzt wie Nadelstiche in unseren Gesichtern.

Licht

Oft ist es unentschieden
von wenigen sonnigen Tagen abgesehen
oder wenn ein Sturmregen den Himmel leerfegt.
Wo das Meer ist, liegt es platt im Dunst.
Über dem Pazifik ertränkt in dunklen Gewitterwolken.
Bleich ist es über der Qingtian-Hochebene, fahl strahlt der Himmel.
Die meiste Zeit milchig-trüb, es dauert, bis ich mich damit abfinde.

Die schönen Tage lasse ich ungenutzt verstreichen
gehe nicht wandern
nicht am Fluss entlang
in einen Park
in einen Tempel.
Sitze am Schreibtisch.

»Taipei ist zu hell zum Schreiben
zu dunkel zum Komponieren«, schreibt Freda Fiala.

Linien

Warum kreisen meine Schreibgedanken seit Tagen um Linien? Weil ich Verbindungen suche zwischen einem Ort und dem anderen, ohne sie konkret benennen zu können. Kein Um-sich-selbst-Kreisen, eher ein langsames Vorwärtstasten und die Suche nach Verbindungen zwischen losen Fäden.

Linien sehe ich auch beim Blick aus dem Fenster, Gitterlinien, nicht einzwängend, auch nicht strukturierend, eher geben sie mir eine Orientierung, damit die Gedanken nicht davonflattern.

Linien sind gleichmütiges Dasein.

Linien zieht das Ruderblatt beim Eintauchen ins Wasser. Flusslinien werden unterbrochen, nicht wieder aufgenommen, wenn ein Fisch aus dem Wasser springt.

Jeden Morgen mit unzähligen Linien Kästchen füllen, wieder und wieder, weil sich die Schriftzeichen nicht einprägen wollen.

Später am Tag sehe ich, wie eine alte Frau eine Linie hinter sich herzieht, weil sie einen blauen Abfallsack über die Straße schleift.

Als Fluglinien eingestellt werden, gehe ich hinunter zum Fluss und ziehe mit meinen Armen Linien durch die Luft. Von weither kommt Schlagermusik. Eine Frau mit Sonnenbrille trotz bewölktem Himmel, gelber Nylonjacke, geblümtem Rock hängt eine Plastiktüte an den Baum, darin scheppert die Musik weiter. Sie zieht ihre Jacke aus, schwingt ihre Arme und klatscht in die Hände, nestelt an der Tüte herum. Ich hoffe vergebens, dass sie die Musik abstellt. Mit hoch erhobenem Kopf ziehe ich davon.

Lotos

Auf dem Nachhauseweg, spät am Abend, komme ich wie immer am Tempel in dem kleinen Park vorbei, nur dass dieses Mal eine alte Frau vor einem verstreuten Haufen Lotosblüten sitzt. Die Blüten sind aus rot bedrucktem Papier gefaltet.

Sie schaut kaum auf, als ich frage, ob ich ihr helfen könne, sagt nur, dass es schnell gehen müsse und sie schon den ganzen Abend überlege, wie man am effizientesten so viele Blätter wie möglich vorbereitet, damit man die Blüten rasch falten kann. Dann stellt sie fest, dass sie die ersten Blätter falsch herum gefaltet hat, denn das Zeichen für Glück müsse innen stehen und nicht außen auf den Blütenblättern.

Dass es also nicht um Geschwindigkeit, sondern vielleicht doch eher um Genauigkeit gehe, lässt sie erst später als Einwand gelten; da sitze ich schon länger als eine Stunde vor dem Altar mit den Blumen und Göttern, falte und lasse mir zeigen, wie man faltet. Das Quadrat einmal falten, die Oberkanten nach innen falten, die Flügel der Länge nach zum Leporello falten, sechs Lagen übereinanderlegen, Lage für Lage reihum die Blätter auseinanderziehen.

»Was geschieht mit den Lotosblüten?«, frage ich zwischen Falten und Zuschauen.

Sie helfe nur der *ayi* (»Tante«), die könne viel schneller viel schönere Blüten falten. Die sei gerade nicht da, weil sie mit ihrer Tochter etwas essen gegangen sei.

Ich sehe auf die Uhr, es ist kurz vor Mitternacht.

»Werden die Lotosblüten später vor die Götter gelegt?«

Nein, die *ayi* werde sie den größeren Tempeln verkaufen. Manchmal bekomme sie dafür 50, manchmal 120 NTD-Dollar (knapp 20 oder 40 Cent). Und die *ayi* werde schimpfen, wenn sie sehe, wie hässlich sie die Blüten gefaltet habe.

»Aber nein«, tröste ich sie, »sie wird froh sein, denn schon haben wir zwei Blüten fertig.«

»Und du deine allererste überhaupt in deinem Leben«, sagt sie und findet sie gar nicht mal so schlecht.

Ob ich Kinder habe, die obligatorische Frage in vielen Ländern, und ich nicke und sage, ja, aber der ist schon groß. Ja, wie ihre auch, meint sie, und die hätten noch früher geheiratet als sie selbst und wohnten jetzt weit weg, und wenn man heirate, müsse man dem Mann folgen, egal, ob es schlecht oder gut sei. Kontakt habe sie kaum zu ihren Kindern, auch nicht zu den Enkeln, man lasse sich in Ruhe, ihr sei es recht so.

Den unteren Teil, auf dem die Blüte später sitzt, faltet sie selbst, denn sie ist nicht zufrieden damit, wie ich es tue; ich habe das Papier zu sehr zusammengedrückt.

Ich aber bin müde nach einem langen Tag und habe unerträglichen Durst, schaue ihr nur noch eine Blüte lang zu und verabschiede mich schließlich, als sie mein Alter schätzt und weit daneben liegt. Ich auch bei ihrem, so sind wir wieder quitt.

Die *ayi* aber, die sei schon 85 und immer noch munter und gesund. Ich solle das nächste Mal, wenn ich vorbekomme, nach ihr sehen; sie sitze immer hier an der Ecke des Altars.

Machangding

Ein Mann auf einem Motorroller hält an, um Tauben zu füttern, hat keine Augen für die dunkelmarmorne Gedenkplatte auf einem weiten Platz am Fluss, darin in goldenen Schriftzeichen eingraviert die Namen der Exekutierten, Opfer des Weißen Terrors. Dahinter ein Hochhaus mit blauen Balkonen.

Sie war doch nur zur Polizeistation gegangen, um zu berichten, dass er einen Stapel Bücher versteckt.

In der Erzählung »Mondsiegel« verrät eine junge Frau ihren Gatten aus Eifersucht auf eine edle Schöne, die ihren Mann zu geheimen Treffen entführt. Obwohl sie es doch war, die den Mann tage- und nächtelang pflegte, als er schwerkrank darniederlag.

Nachdem ich diese Erzählung gelesen habe, in der Vergangenheit und Gegenwart verschwimmen, Krieg und Aufstand, Widerstand und Alltag, wird die Hinrichtungsstätte Machangding in einer schlaflosen Nacht lebendig, und die Wiese mit den beiden Papierdrachen erscheint wieder, die bei meinem Besuch dort in den vom Abendrot durchleuchteten Himmel aufstiegen.

> »War hier nicht einst die Rennbahn während der japanischen Kolonialregierung?«, fragt die Mutter die junge Frau.
>
> »Vielleicht.«
>
> Einige der Familien, die zur Hinrichtungsstätte gekommen

waren, trugen Trauerkleider. Sie standen hinter den Seilen, die rund um die Stätte gespannt worden waren, und verbrannten Räucherstäbchen. Viele Stäbchen stecken in der sandigen Erde. Manche verbrannten Papiergeld. Die Asche wirbelte auf. Ein Brandgeruch lag in der Luft, kratzte in ihrem Hals, sie begann zu husten.«

Ein Lastwagen fuhr heran.

Die Wartenden drängten sich vor, ein Tumult brach aus.

Sie drängten sich hinter den Seilen, suchten mit Tränen in den Augen nach ihren Familienangehörigen.

Zwischen auf und ab wogenden Köpfen entdeckte sie sein Gesicht.[88]

Die junge Frau in der Erzählung erinnert sich fortan an den Schuss, erinnert sich, wie ihr Mann sie einst beim Namen rief, wie sein Kopf aus der Matte herabbaumelte, in die sie seinen Leichnam eingewickelt hatte, als sie ihn mit dem Fahrrad nach Hause brachte. Vom Polizeivorsteher wird sie später dafür gelobt, dass sie Rechtschaffenheit über die eheliche Pflicht gestellt hatte, dass sie Richtig von Falsch zu unterscheiden wisse. Doch das Leben, so scheint es am Ende, dringt da schon nicht mehr zu ihr durch.

Kalter Wind fährt in meine Knochen, als mein Blick über das Hochhaus mit den Balkonen schweift, den Marmor mit den goldenen Schriftzeichen, den Fluss in der Abenddämmerung. Frühling ists, doch trotz anderslautender Wettervorhersage hat der Wind noch immer nicht nachgelassen. Meine Hände werden nicht warm, am Morgen war die Linke steif von der Kälte.

Maokong

Kaum lasse ich den Trubel rund um die Maokong-Gondelstation hinter mir, finde die richtige Abzweigung nach Yinhe, dem Silberflusswasserfall, und dem gleichnamigen Höhlenkloster, wird die Welt eine andere.

Tropischer Regenwald, blaue Eidechsen, gelbe Schmetterlinge mit weiß-rot geäderten Flügeln. Irgendeinmal dringen Töne durch das verschlungene Dickicht. Schon bange ich, dass mich am Ende ein Vergnügungstempel und kein ruhiger Wasserfall erwartet. Es ist indes ein Fotomodell, das des Sujets wegen auf einem Streichinstrument spielt. Neben ihr steht ein junger Mann in Kungfu-Kleidung, der sie vielleicht vor den bösen Mönchen des Felsenklosters retten soll. Das Wasser lässt sich über die Felskante hinunterfallen, strudelt und schäumt erst unten, von wo ein Rauschen, gedämpft, nach oben steigt. Yinhe heißt nicht nur Silberfluss, sondern auch Milchstraße.

Und dann gehen Punkt 13 Uhr 30 die Sirenen los, deren Heulen ich selbst im Wald südlich von Taipei höre. Geprobt wird, wie sich die Taiwaner im Falle eines Luftangriffs der Volksrepublik China zu verhalten haben. Eine SMS ploppt auf, Raketen seien im Anflug, und für eine halbe Stunde stehe das Leben still. Doch hier zwischen den dichten Bäumen verdampft alles, wird unwirklich und bedeutungslos.

Nach mehreren verwirrenden Irrgängen den Pfad hinauf und wieder hinunter in diesem Hügelland sehe ich ein Schild, »U-Theater«. Ich folge dem Pfeil und mag es kaum glauben, dass es tatsächlich die Theaterstätte jener Trommler ist, die ich einmal bei einem überwältigenden Konzert in Hongkong erlebt habe. Der runde Platz mit den Probebühnen kommt mir bekannt vor; später fällt mir ein, hier wurde der Film *Die Reise des chinesischen Trommlers* von Kenneth Bi gedreht. Der Sohn eines Hongkonger Triadenbosses soll übers Trommeln wieder zur Besinnung und auf den rechten Weg der Gang gebracht werden. Der Regisseur ließ sich vom U-Theater inspirieren, denn vor dem Trommeln wurde meditiert. Die Trommelkunst des U-Theaters ist eine Verschmelzung von Tanz und Performance und Kampfkunst.

Vor einigen Jahren ist das Theater abgebrannt, steht auf einem Schild; doch Brandspuren sind keine zu sehen. Hier scheinen schon lange keine Aufführungen mehr stattzufinden. Unter einem Vordach hockt eine Frau und macht den Abwasch, weiter hinten stehen rote und braune Trommeln, in einer Hütte erlauben mir zwei Frauen, meine Wasserflasche aufzufüllen. Erst als ich wieder oben auf dem Berg bin, höre ich verhaltenen Trommelschlag.

Das Theater zog weg, weil der Wiederaufbau an dieser Stelle missglückt sei, und seither höre man nicht mehr so viel von ihm. Der Laienmönch eines daoistischen Tempels, den ich später am Tag nach dem Theater frage, erzählt, offenbar sei man nicht glücklich mit dem neuen Ort an der Nordküste in einer Bergschlucht bei Jinshan und überlege, wieder zurückzukommen. Dass ich das Theater kenne, dass die U-Trommler im Ausland so berühmt sind, überrascht ihn.

Den daoistischen Bambustempel habe ich nur gefunden, weil ich denselben Weg wegen eines aggressiven Hundegebells nicht mehr zurückgehen wollte und mich verlaufen habe. Treppen aus dunklem Holz schimmern durch das Bambusdickicht, darüber sehe ich ein Dach, doch der direkte Weg dorthin ist versperrt, ich muss wieder zurück, sehe den Zugang nicht gleich, so versteckt liegt er in einem Bambuswäldchen, als wäre hier schon lange niemand mehr gegangen. Die Anlage ist so harmonisch angelegt, dass ich meine, es sei ein Teepavillon, und um Tee bitte, der mir, extra für mich frisch aufgebrüht, gereicht wird. Was für ein Glück, gleich bei meinem ersten Besuch diesen Tempel gefunden zu haben, sage ich mir, sagt mir später auch eine Laiennonne. Ein Ort der vollkommenen Ausgeglichenheit, die Tempel sind zurückhaltend ausgestattet, die verwinkelten Treppenzüge führen durch einen Bambushain hinauf zu einer Handvoll Teesträucher. Mein Blick fällt zwischen zwei Krügen mit Lotosblüten auf Taipei und den 101-Tower, dahinter sehe ich den höchsten Berg der Stadt, den Qixingshan, Siebensterneberg.

Ich zögere meinen Aufbruch hinaus und gelange erneut nur auf Umwegen und weiteren Schlaufen auf Treppen hinunter in Täler und wieder hinauf zur Zhinan-Tempel-Station. Windböen rütteln heftig an der Kabine, sie schwankt sehr bei der ersten langen Überquerung, bevor es steil abwärts geht. Voller Angst halte ich mich an einer Stange fest, die gefährlichste Gondelfahrt meines Lebens, ich beruhige mich erst wieder, als ich in einer herauffahrenden Kabine eine Familie sehe, die völlig angstfrei und freihändig hinunterschaut auf die Stadt.

Eine Woche später fahre ich erneut hin, weil ich mich noch einmal zu dem Tempel begeben will, weil ich den großstadtbegrenzten Blick schweifen lassen möchte, weil ich süchtig bin nach diesem klirrenden Klackern der Zikaden, dem wuchernden Grün, der feuchtsatten Luft. Und weil ich letztes Mal versäumte, vom berühmten Tee zu trinken, der hier angepflanzt wird.

Bei der Gondelfahrt ruht mein Blick lange auf dem dichten Wald unter mir. Der Schatten eines Greifvogels fällt auf Teesträucher, die mühsam dem Abhang abgerungen werden. Goldrot geschwungene Tempeldächer tauchen aus dem wuchernden

Kronendickicht tropischer Palmen und Farnbäume auf. Ich gehe den Skytrail entlang, Luftwurzeln hängen wie Girlanden von und zwischen Bäumen, über mir ein Flugzeug. An einer Weggabelung eine Baustelle, Arbeiter klopfen auf Stahlträger, um eine Plattform anzulegen. Die Geräusche legen sich übereinander.

Da sehe ich einen hell leuchtenden blauen Schmetterling. Ich bleibe stehen. Im Ohr das Zirpen der Zikaden, wenn sie im Unterholz locken, unter fleischigen Blättern, auf Ästen. Ich betrachte das Ameisengewimmel zwischen vermodernden Wurzeln, berausche mich an diesem wuchernden, wollüstigen Grün, den Farnen, Taroblätter wölben sich, feucht wabernde Schwülstigkeit, ich ergebe mich, schwitze, alles drängt heraus. Die Luft ist so feucht, dass der Atem ganz flach wird. Von Süden ziehen bereits erste dunkle Regenwolken heran und ertränken die Berge in ihrer dunstigen Schattenwelt.

Vor mir liegt ein Baum quer über dem Weg, der ohnehin recht schmal ist, stellenweise abgerutscht, schon lange nicht mehr begangen. Zu schlecht ist mein Schuhwerk, ich kehre um, nehme den Weg in Richtung Ergeshan, Zweiter-Bruder-Berg. Der Gipfel auf 475 Metern wird mit allerlei weißen Bändern um einen Baum gewürdigt. Die meisten stammen von Wandervereinen.

Ich suche den daoistischen Tempel auf. Zwei der Laienmönche erkennen mich wieder, und wir unterhalten uns, als wäre ich ein regelmäßiger Gast. Einer erklärt mir sämtliche Details der Tempel und auch der Anlage. Der weiße Kiesweg führt zu einer Terrasse, auf der ein Bagua, die acht Diagramme des I Ging, ausgelegt ist, doch ich finde keine Muße, es lange zu betrachten, so wild stechen die Moskitos selbst durch die Kleider hindurch.

Der Laienmönch vom letzten Mal setzt sich neben mich und sagt, dass hier alles seinen Platz, seine Ordnung habe, nichts sei zu viel und überflüssig wie in anderen daoistischen Tempeln. Überall könne man sich hinsetzen und meditieren.

»Wenn die Moskitos nicht wären«, sage ich. Auch die Menschen hier kämpfen mit ihnen, reichen sich unentwegt Sälbchen und kratzen sich.

Er erzählt, dass sie erst vor drei Wochen den Boden der Terrasse erhöht hätten.

Das sei sicherlich ein enormer Arbeitsaufwand gewesen, sage ich mit Blick auf die vielen Bretter.

Ja, und es habe nur wenige Helfer gegeben. »Doch der Gott im Tempel hat dazu geraten.« Seine Stimme wird leiser. »Der Effekt ist direkt spürbar.«

Es wäre mir unziemlich erschienen, ihn nach dem Effekt zu fragen.

Auf dem Rückweg zur Gondelstation gehe ich in ein Teehaus, sitze auf der Terrasse mit dem Blick auf die Stadt und den dunklen Wolken, die bereits den ganzen Yangmingshan auf der anderen Seite der Stadt verschlucken. Das Gewitter wurde für drei Uhr angesagt, nun verzieht es sich in Richtung Meer und lässt Maokong trocken zurück, aber der Wind fährt heftig in die Wipfel.

Der junge Angestellte erzählt, dass in den letzten Jahren immer weniger Leute kämen, meistens Ausländer, doch dieses Jahr noch nicht einmal mehr die. Dafür entdeckten nun Taiwaner Maokong und den Tee wieder, der sei zuvor wie aus dem Bewusstsein der Menschen verschwunden gewesen. Nur junge Leute sehe man hier selten.

Ein Mann ist vor dem Gewitter unten in der Stadt geflohen und hat es gerade noch rechtzeitig mit seinem Motorroller zum Teehaus geschafft, um hier einen speziellen Lengdong-Tee, den Ostkältetee, zu trinken. So exquisit sei dieser Tee, dass man ihn im Kühlschrank aufbewahren müsse, sonst verliere sich sein Geschmack in der Schwüle. Sie bieten mir eine Teeschale an, der Geruch wiegt sich in sanften Wellen.

Auf der Rückfahrt in der Gondel lese ich, dass es seit der Messung der Temperatur in Taiwan, also seit hundert Jahren, noch nie einen so heißen Montag gegeben habe.

Der Himmel in der Stadt ist nach dem Gewitter giftgelb. Bevor die U-Bahn in den Stadttunnel eintaucht, sehe ich einen einsamen Vogel in ausgedünntem Geäst sitzen, als müsse er sich von diesem Tag erholen.

Meer

Zum Meer also. Eine vierspurige Schnellstraße entlang. Google Maps zeigte keinen anderen Weg, und ich sehe auch keinen. Nach einer harten heißen halben Stunde dann Strand. Oder was man hier so nennt. Über dem Meer steht der Dunst des Pazifiks; das Salzwasser löst sich auf und zieht sich an den steilen dicht bewaldeten Hügeln hoch. Kein Himmel. Plastikstühle, Surfbretter im Sand, im Wasser. Aber keiner steht darauf, alle warten, vom Schauen und dem Wind die Augen ganz klein.

In Waiao bei Toucheng staune ich einmal mehr, wie mit dem Meer, dem Strand, dem Wasser umgegangen wird. Keine Lounge, keine Getränke, nichts zu essen, nur lieblos hingestellte Plastikstühle und Sonnenschirme, die man ausleihen kann.

F., die Tänzerin, sagt: »Für uns ist das Meer wild, unberechenbar, furchtbar. Deshalb ist es sicherer, man hält sich von ihm fern, schwimmen lernt man besser im Schwimmbad. Erst auf Reisen und in Europa erfuhr ich, dass man im Meer und in Seen gefahrlos schwimmen kann. Seither schwimme ich überall, sobald eine Stadt einen Fluss, einen See hat. Ich schwamm im Amazonas, im Loch Ness.«

Die Lyrikerin Tsai Wan-shuen erklärt: Jahrzehntelang seien die Küsten vom Militär besetzt gewesen, um die Insel gegen Angriffe aus China zu wappnen. Der Zugang zum Meer war schlicht verboten. Und man lebte vom Meer. Das Wasser war nicht zum Vergnügen da oder zum Schwimmen gar; das sei ein neues, westliches Lebensgefühl. Das Meer könne zudem Land verschlingen, habe es schon immer getan. Deshalb seien innerhalb der Städte die Flüsse von hohen Mauern eingefasst. Wenn das Meer über die Flussadern ins Landesinnere dringe, würden ganze Landstriche überschwemmt. Zudem glaube man, lebten Geister im Meer, die einen hinabzögen, wenn man sich ihnen nähere, denn sie lebten von den Ertrunkenen.

Das sagt nicht nur sie, das sagen auch andere, die ich nach dem Meer frage.

Morgen

Aufstehen, mit der Hand durchs Haar fahren

Schläfrig in Trainingshose und T-Shirt schlüpfen, Schlüssel nicht vergessen, ein letzter Griff in die Tasche zur Vergewisserung.

An manchen Tagen zum Erdtempel, um Weihrauchstäbchen für die Vorfahren, die Nachkommen, für den Schutz der vielen Götter anzuzünden – und für die vielen Menschenknochen, die man hier einst vergraben fand.

Hinunter zum Fluss, das Ufer bloßgelegt bei Ebbe. Im Schlick springen Krabben um die Betonpfeiler herum.

Und dreimal die Woche zu den Drachenbooten weiter vorn.

Nieselregen, wie ich ihn liebe. Der Tag wird nicht heller, sondern dunkler.

Ich gehe rückwärts, eine andere Reihenfolge der Beine und Füße, und merke, es ist wie beim Fahren in Bussen und Zügen gegen die Fahrtrichtung.

Das Nieseln ist wie ein feuchtes Wischen über Gräser und Arme.

Als ich in meinem Frühstücksladen über gefüllten Teigtaschen sitze und warme Sojamilch trinke, kommen Leute herein, streifen ihr Regencape erst gar nicht ab.

Der Himmel drückt.

Wieder zu Hause, schalte ich das Handy ein, beginne mit dem Schreiben.

Mütter

Bei der ersten Begegnung mit dem Lyriker Hung Hung, der auch Übersetzer und Verleger ist, drückte er mir beim Abschied ein schmales Bändchen in die Hände mit dem Titel »mama+1«. Vielleicht werde es mich ja interessieren, meinte er. Tat es aber lange nicht; Muttergedichte, dachte ich, Schwelgen in Mutterglück oder Kampf der Tigermütter! War es, weil es wieder einmal zu stark regnete, um außer Haus zu gehen, oder weil es zu heiß war, oder weil ich endlich Zeit hatte, Gedichte zu übersetzen, dass ich darin zu blättern begann? Es gab sie durchaus, die jungen Frauen, die sich an den ersten Trippelschritten ihrer Zöglinge ergötzten, doch zu meiner Überraschung gab es heftige, wütende, unglückliche Stimmen, drastisch, die vehement dem Klischee von der fürsorglichen, sich aufopfernden Mutter widersprechen. Ich recherchierte weiter, und abermals war es Hung Hung, über den ich die malaiisch-taiwanische Lyrikerin Mani Niwei entdeckte.

Niemand fragt nach Medeas Glück

Von Wei-Yun Lin-Górecka

In den Klatschblättern
tragen sie alle dasselbe Gesicht
aus Glück
Glück steht auf ihren Gesichtern geschrieben
sie sind zärtlich zu ihren Männern
sie streiten nie (oder nur selten)
sie lieben ihre Kinder und die Kinder lieben sie
sie sind in den Augen der anderen eine glückliche Familie
sie haben keinen Grund
keinen einzigen Grund
unglücklich zu sein

Und weil es keinen Grund gibt für ihr Unglück
kümmert sich das Sozialamt nicht um sie
sorgt sich die Familie nicht um sie
(und weil sie schon als Kind keine Probleme machten, zerbrach
man sich auch nicht den Kopf über sie)
sie helfen nicken lächeln den Nachbarn zu.
Hätte man etwas gehört, aber man hörte eben nie etwas.

Als sie plötzlich nicht mehr glücklich sind
sind wir, die wir die ganze Zeit
vor dem Fernseher dem Computer sitzen
plötzlich überrascht, überrascht, als sähen wir zu
wie einem Schwein die Hinterbeine wegsacken
während es den Oberkörper aufrichtet

warum
wir fragen warum
sie fragen wieder wieder warum warum
wie konnten sie so herzlos sein ihre Kinder
erwürgen ertränken vergiften
sich selbst aufhängen und vom höchsten Punkt fallen lassen
wie konnten sie nur so sein
kindisch egoistisch dumm empfindlich verbohrt
haben sie nicht überlegt,
dass man mit Selbsttötung keine Probleme löst?
Launen lassen sich behandeln
wegen einer Krankheit muss man noch lange nicht verbittern
Mord und Selbstmord führen direkt in die Hölle.
Haben sie nicht überlegt,
dass sie unsere Erwartungen an ihr Familienglück
zerschlagen an die Zuversicht die Geborgenheit?
Das Bild von der lieben Mutter zärtlichen Gattin braven Tochter
wurde verdrängt von einer schmerzlichen Erfahrung.
Wir verstehen nicht
verstehen es einfach nicht.

Und da ist niemand der fragt
ob Medea glücklich ist oder unglücklich.

In Gedanken versunken

VON LIN WAN-YU

Stör mich nicht
ich denke nach

Jedesmal, wenn du willst, dass ich dich umarme
will ich, dass andere dich auf den Arm nehmen
mit dir nach draußen gehen
du hast dich verändert
verlierst dich gern in Gedanken
riechst an Frangipani, der süßen Duftblüte, dem Wunderstrauch
hast dich befreit aus meiner Umarmung.

Du kannst auch Dichter werden
in dieser Welt gibt es
viele Gedichte
viele Menschen, die Gedichte missachten
deshalb ermüden sie, verlieren sich, sterben aus

Willst du Gedichte schreiben
muss ich dir erst
das Schreiben beibringen
schief und quadratisch verflechten sich die Zeichen zu einer
Festung
verlieren sich in Gedanken

Soll ich Dir von meinem Leben erzählen?

Von Mani Niwei

Soll ich dir von meinem Leben erzählen?
Ich tue, als hörte ich nicht den Husten meines Kindes.
Tue so, als würde ich ein wichtiges Buch lesen.
Ich weiß nicht, wann ich sterben werde. Deshalb ordne ich die Fotos meines Kindes.
Es ist nicht, weil ich ein Kind habe, dass ich ständig mit meiner Katze kuscheln möchte. Zu nichts anderem habe ich Lust.
Nur Lust, tagein, tagaus über mein Kind zu jammern, wenn ich einmal länger als zwei Stunden mit ihm zusammen bin.
An jedem Tag, den ich mit ihm verbringe, lebe ich nicht mein Leben. Deshalb suche ich eine Beschäftigung und danach noch eine.
Mein Leben: Zeit, die von meinem Sohn verschlungen wird. Zeit ist seine Lieblingsspeise.
Ich sitze auf einem Stuhl. Sitze mit meiner Katze auf demselben Stuhl. Ihre Tatze krault meinen Hintern. Ich könnte schnurren.
Sie braucht mehr Platz als ich. Ich sitze nur auf meinem halben Po, und es ist mir recht so.
Mein Kind ist krank und nicht in der Schule. Ich tue, als hätte ich etwas Dringendes zu tun, schreibe aber bloß Gedichte.
Diese Gedichte sind keine Meisterwerke, fließen nicht einfach aus mir heraus, sind Schrott. Doch ich tue, als seien es dringende Geschäfte.
Willst du mir von deinem Leben erzählen?[89]

Muttertag, kommt als Antwort von zwei Bekannten, als ich sie nach ihren Plänen für den nächsten Tag frage.

Ich wundere mich nach allem, was ich über die Frauen und Mütter bisher erfahren habe, die ihre von der Gesellschaft zugeschriebenen Rollen oft so fantasievoll ausreizen. Wundere mich, dass dieser Tag in Taiwan gefeiert wird, denn das Land hat schon so viele eigene Feiertage. Der hier kam aus den USA, vermutlich über Japan, irgendwann in den fünfziger Jahren nach Taiwan.

In den siebziger Jahren wurde er richtig gefeiert, mit vielen teuren Geschenken, übertrieben, finden meine beiden Bekannten. Die Kinder hätten keine Kosten gescheut. Heute sei der Tag wieder auf ein vernünftiges Maß geschrumpft; meistens lade man die Mutter zum Essen ein.

Auch Frauen, die statt Kinder Hunde im Kinderwagen durch die Gegend fahren, wünschen mir einen schönen Muttertag, wenn sie hören, dass man Kinder hat, einen Sohn zum Beispiel.

Nichttun

Manch einer sieht im Nichthandeln eine optimale Lebensweise. Die Gründe dafür sind vermutlich so vielzählig wie es Menschen gibt, egal ob sie aus Bequemlichkeit nichts tun, wegen mangelnder Fantasie oder der frustrierenden Einsicht, man könne ja ohnehin nichts tun. Selbst wenn man meint, ein Aufbegehren sei sinnvoll und ratsam, stellt sich immer noch die Frage nach den Mitteln.

So halte ich beim Gang dem Fluss entlang innerlich Zwiesprache mit meinem Sohn. Über die Mittel, mit denen man Ziele erreicht. Aber was, wenn das Ziel im Weg steht?

Was ist stärker, der Fels oder das Wasser, die Sturheit oder die Flexibilität bei der Wahl der Mittel? In der chinesischen Philosophie wird die Stärke des Wassers stets hervorgehoben. Doch vergehen nicht Jahre, bis Wasser einen Felsen aushöhlt? Sie erwidern in wasserfester Überzeugung: Ja, aber es wird ihn zerstören.

Mit dem Wind und dem Bambus verhält es sich ähnlich. Wer ist stärker, der aufrechte Baum oder der Wind? Es ist immer der Bambus, denn egal, wie heftig der Wind weht, der Bambus duckt sich und richtet sich danach unversehrt wieder auf. Daran hielten sich über die Jahrhunderte hinweg viele chinesische Intellektuelle, wenn ihnen mal wieder ein kaiserlicher Beamter Kummer bereitete, sie wegen ihrer unliebsamen Kritik am System in den Kerker warf, in die Verbannung schickte. Biegsam und geschmeidig hätten sie sein sollen, wurde ihnen damals von Leidensgenossen und auch heute noch vorgehalten.

Wie ist das nun also mit dem Anpassen, Aushöhlen, sich Beugen, um danach umso aufrechter dazustehen? Das dritte Handlungsprinzip, das Wu wei, ist ebenfalls eines, das seit Jahrtausenden durch die chinesische Geistesgeschichte taumelt. Es wird im Westen häufig von Esoterikern und von Managementberatern für ihre Businesstheorien missbraucht. Verstanden haben sie es vermutlich ebenso wenig wie die meisten, die sich damit auseinandersetzen. Weil man es nicht verstehen kann. Es ist voller Widersprüche, obskur, aber reizvoll allemal.

Es fängt schon mit dieser Zeile aus dem *Daodejing* an: »Der Weg ist oft das Nichts, aber er ist nicht Nichts.« Oder: »Was unter dem Himmel nachgiebig ist, wird Mauern überwinden.« Oder: »Wo nichts ist im Menschen, wird er Klüfte überspringen.«

Dieser Satz wird meinem Sohn vermutlich schwer aufstoßen: »Der, der lernt, wird sein Wissen von Tag zu Tag mehren und zu seinen Gunsten einsetzen.« Erst dann wird das eigene Wissen zum Nichtwissen, das Nichttun zum Tun. Sucht er die Probleme unter dem Himmel, hat er zu tun. Und damit erreicht er nichts unter dem Himmel und auch kein Gleichgewicht.

Geht es um das Gleichgewicht, die Ausgewogenheit? Aber wie stellt man es her, wenn man doch nichts tun soll und nichts ist? Tätiges Nichthandeln, Nichteingreifen – so unterscheidet sich auch das Nichttun vom Nichtstun, das Entspannung verspricht, während Ersteres eine bewusste Haltung ist und in manchen Situationen womöglich einer gewissen Anstrengung bedarf, eines Widerstands gegen Gewohnheiten.

Wu wei bedeutet eben auch Handeln durch Nichthandeln. Vielleicht kreative Passivität? So wie der Bambus? Wird das meinem Sohn besser gefallen?

Zhuangzi, ebenfalls ein Vertreter des Daoismus – er träumte, ein Schmetterling zu sein, oder war er der Schmetterling, der träumte, Zhuangzi zu sein? – sagt: »Wenn du auf dem Wasser reisen willst, ist ein Boot dafür geeignet, weil ein Boot sich auf dem Wasser in geeigneter Weise bewegt. Wenn du aber an Land gehst, kommst du damit nicht weiter und wirst nur Ärger haben und nichts erreichen, als dir selbst Schaden zuzufügen.«

Notfall

Ich sitze auf dem Balkon unseres Hotelzimmers in Hengchun und sehe einen Zettel an der Wand. Eine Anleitung, wie man eine Hängematte aufhängt, denke ich im ersten Augenblick, doch ist der Balkon dafür nicht ein wenig zu schmal?

Ich stehe auf und betrachte die Zeichnung genauer. Sie erklärt, wie man sich im Notfall mit einem Seil vom Balkon herablassen kann. Wann tritt so ein Notfall ein? Man kann auch das Leintuch zusammenbinden, um sich vom Balkon abzuseilen, wird auf einem zweiten Bild dargestellt. Weil hier Sommerbrände drohen?

Der Boden ringsum bricht an vielen Stellen auf, Risse durchziehen den ausgetrockneten Rasen, und wenn ein Wind darüberfährt, wirbelt Sand auf.

Nylon Cheng

Eine Ikone der taiwanischen Unabhängigkeitsbewegung ist Nylon Cheng. Das schreibt Thilo Dieffenbach in seinem Vorwort zu *Kriegsrecht.*[90] Cheng sei der wohl einflussreichste und radikalste Aktivist für Demokratie und Unabhängigkeit.

Am Morgen des 7. April 1989 verschafften sich Polizisten Zugang zu den Redaktionsräumen der Zeitschrift *Ziyou shidai* (»Epoche der Freiheit«), nachdem sich Nylon Cheng wochenlang weigerte, wegen Volksverhetzung und Landesverrat vor Gericht zu erscheinen. Da er zuvor bereits mehrmals unter fadenscheinigen Gründen verhaftet worden war, erklärte er nun, sie würden ihn nur noch als Leiche bekommen. Mit Haut und Haar hat er sich buchstäblich der Freiheit des Wortes verschrieben, an jenem Aprilmorgen mit Benzin übergossen und angezündet. Zu seiner Beerdigung kamen Zehntausende Menschen und zogen durch die Stadt. Tragischerweise verbrannte sich bei diesem Trauermarsch auch sein Mitarbeiter Chan I-hua; die anderen konnten nur noch hilflos zusehen, wie er sich am Boden wälzte.

Ich muss an die Tibeter denken, die sich – um der Freiheit Willen – selbst verbrennen. Wie groß muss die Not sein, die Verzweiflung über die politische, gesellschaftliche Ausweglosigkeit, um sich mit Benzin zu übergießen und anzuzünden?

In den ehemaligen Redaktionsräumen ist heute Nylon Cheng zu Ehren ein Museum eingerichtet. Selten hat sich eine Ausstellung so schwer auf mich gelegt, dass alles andere daneben verblasst. Der letzte Raum ist eben jenes Redaktionszimmer, in dem sich Nylon Cheng verbrannte. Angekohlte Bretter, schwarze Wände, zusammengeschmolzene Gegenstände. Den Brandgeruch bilde ich mir vermutlich ein.

Das ergreifendste Objekt? Die angekohlten Papierfetzen in den Schubladen, Seiten aus einem Tagebuch mit den Notizen über die Gefängnisbesuche seiner Tochter.

Obdachlose

Im Bauch des Hauptbahnhofs von Taipei geht es durch ödlange Gänge. Die Rollläden in der Einkaufspassage sind am frühen Samstagmorgen noch herabgelassen. In einer Ecke stehen Massagestühle, eine Frau und zwei Männer in weißen Kitteln warten schon auf Kunden.

Der Treffpunkt für den Rundgang mit einem Obdachlosen ist ein kleiner Platz hinter dem Bahnhof, Exit Y13, stand in der E-Mail von Hidden Taipei, einer NGO, die diese Stadtführungen organisiert. Jia Xi-yah sitzt auf einer Bank, blickt mit wachen Augen in die Gesichter der Leute, die auf der Rolltreppe ins Tageslicht gleiten. Wer von ihnen wird an diesem Samstagmorgen an seiner Tour teilnehmen?

Die Begrüßung ist knapp. Er erzählt kurz, wie er als Matrose in Japan an Meningitis erkrankte, ein Jahr im Krankenhaus lag und die Ärzte ihn schon aufgegeben hatten. Wie er dann sein linkes Bein und die linke Hand nicht mehr richtig bewegen konnte, vieles vergessen hatte und von da an keinen Fuß mehr auf den Boden bekam. Lange Jahre lebte er am Hauptbahnhof von Taipei.

Seine Augen fliegen beim Erzählen unruhig hin und her. Er nennt historische Fakten über das Viertel, durch das wir gehen, immer aus der Perspektive der Obdachlosen. Zum Beispiel verteilt der Puji-Tempel jedes Jahr vom 1. bis zum 15. Januar und vom 1. bis zum 15. Juli Essen. Er erzählt, dass hier einst viele Lederfabriken waren, weshalb es heute noch in der Gegend viele Schuh- und

Taschenläden gibt, Kleingewerbe. Bei einer großen Kreuzung achtet er darauf, dass auch wirklich alle über die Straße kommen und jeder immer die Möglichkeit hat, auf eine öffentliche Toilette zu gehen oder sich etwas zu trinken zu kaufen. Jia Xi-yah ist routiniert, greift nur selten zu seinem Ringbuch, erzählt gleichwohl lebendig von vergangenen Ereignissen und aktuellen Geschehnissen.

Zuvor hatte ich über diese Touren gelesen, dass es keineswegs einfach sei, Obdachlose zu finden, die sich vorstellen können, wieder mit anderen Menschen zu sprechen und sie durch »ihre Stadt« zu führen. Yan Man-ru von Hidden Taipei, die diese Touren seit 2014 anbietet, erzählt von den Bedingungen, die gestellt werden. Ein Führer müsse gesundheitlich in der Lage sein, anderthalb bis zwei Stunden zu gehen; er müsse bereit sein, seine Geschichte zu erzählen, und deutlich sprechen können.

Der Hauptbahnhof ist einer der beiden Treffpunkte der Obdachlosen. Der andere ist in Wanhua vor dem Longshan-Tempel. Dort gegenüber im Bankga-Park – das Land gehörte einst dem Tempel, der dort die Mittellosen verköstigte – sitzen tagsüber die Armen der Stadt, halten Prostituierte nach Freiern Ausschau, werden Schachsteine über Pappbretter geschoben und Wetten abgerechnet.

Wanhua ist eines der ältesten Stadtviertel Taipeis. Hier war der Warenumschlagplatz: Hier kamen die Güter von jenseits des Meeres an, von hier wurden sie ins Hinterland gebracht. Hier hat der Handel seinen Ursprung. Die Geschäfte sind mittlerweile in den östlichen Teil der Stadt gezogen, wo Luxus-Shopping-Malls die Wolken kratzen und das fünfthöchste Gebäude der Welt als Symbol der geballten Wirtschaftsmacht des Landes steht, der 101-Tower. Die Armen sind indes in Wanhua geblieben, weil sie sich anderswo die Mieten nicht leisten können.

2018 wurden 645 Obdachlose in der Stadt registriert, davon

97 Frauen, doch die Dunkelziffer ist um ein Vielfaches höher. Die Zahl erscheint angesichts der knapp drei Millionen Einwohner Taipeis von vornherein als viel zu niedrig. Das hat mehrere Gründe. Gezählt wird nur, wer sich registriert. Nicht jeder bringt aber die notwendigen Papiere zusammen, und die Bürokratie sei gnadenlos, sagt man.

Wie viele Menschen nun tatsächlich obdachlos seien, weiß man nicht, und auf eine Zahl will sich niemand festlegen. Für die 645 Menschen ohne Dach über dem Kopf gibt es gerade mal 175 Betten, zum Teil in Unterkünften mit strengen Vorschriften. Zum Beispiel dürfe man sich in vielen zwischen acht und sechzehn Uhr nicht aufhalten. »Wohin sollen die Kranken denn dann gehen?«, fragt Yan Man-ru von Hidden Taipei, das 25 Betten ohne strenge Regulierungen anbietet.

Im Hauptbahnhof und auf den Plätzen ringsum werden sie geduldet, solange sie nicht betteln. Sie dürfen unten im Parkhaus schlafen, hundertfünfzig Leute auf der einen, hundertfünfzig Leute auf der anderen Seite, wenn sie bis acht Uhr morgens wieder draußen sind. Danach verstreuen sie sich in der Stadt, arbeiten als Werbeträger für Plakate, als Straßenkehrer, kümmern sich um die Sauberkeit in den Parkanlagen, helfen bei religiösen Veranstaltungen und traditionellen Umzügen. Jia Xi-yah war zeitweise auch Verkäufer von *Big Issue*, einem Obdachlosenmagazin, doch aus gesundheitlichen Gründen konnte er mit der Zeit nicht mehr lang genug stehen.

Weil die Obdachlosen ihre Habseligkeiten tagsüber beim Bahnhof ließen, hatte man sie für Abfall gehalten und entsorgt. Dann kam das Sozialdepartment auf die Idee, schwarze Säcke zu verteilen. Stolz hält Jia Xi-yah einen hoch: »Darauf schreibt man seinen Namen, stellt ihn vor den Bahnhof und holt ihn abends wieder ab.« Und ja, das klappe. Aber nur, wer registriert ist, bekommt finanzielle Unterstützung und einen solchen Sack.

Das sei eben die Krux, meint Yan Man-ru. Viele wollen sich aus falscher Scham nicht registrieren lassen. Sowohl Jia Xia-yah als auch Yan Man-ru erklären, dass die Registrierung einem ungeheuren Gesichtsverlust gleichkomme. »Lieber auf der Straße von Almosen leben und mühsam ums Überleben kämpfen, als sich registrieren zu lassen.« Denn die Behörden würden Fragen stellen und nachforschen, warum die eigene Familie einen nicht unterstütze. Nicht nur in Taiwan, auch in anderen Ländern Asiens sei immer die Familie als kleinste Zelle für die soziale Absicherung der Familienmitglieder verantwortlich – trotz der Sozialversicherungen in Taiwan, deren Zahlungen jedoch nicht oder kaum zum Überleben reichen. Und wenn die Familie erfahre, dass man in Taipei auf der Straße lebe, erfahren es auch alle anderen; die Scham, die damit gleichsam über die Familie komme, lasse einen buchstäblich in den Boden versinken. Wenn einen die eigene Familie jedoch verstoßen habe – wegen Gewalttätigkeit oder Suchtproblemen –, müsse zuerst das Problem mit der Familie gelöst werden, bevor der Staat Geld fließen lasse. Exemplarisch sei ein Fall, bei dem der Sohn aus finanziellen Gründen schlicht nicht in der Lage war, seinen Vater zu unterstützen, der dann zwei Jahre warten musste, bis er Sozialhilfe bekam.

Doch wer nicht registriert ist, erhält keine Unterstützung bei der Wohnungssuche, bekommt keine Sozialhilfe, keine Gutscheine für Kleidung und fällt durch alle Raster. Für die Arbeitssuche braucht man eine Wohnadresse, für eine Wohnung aber einen Arbeitsnachweis. Leider gibt es Vermieter, die diese Not schamlos ausnutzen. Yan Man-ru erzählt, dass einer ihrer Führer in einem völlig überteuerten »Zimmer« übernachte, in den Ecken Schimmel, die Tapete hänge von den Wänden, die Toilette sei im Hof, dort aber kein Licht. »Wenn er nun abends aufs Klo muss und stürzt, weil er kaum gehen kann, was dann? Hier wünschte ich mir, dass die Regierung gegen solchen Mietzinswucher strikt vorgeht. Es gibt zwar Gesetze, die aber kann man leicht umgehen.«

Gründe, das Dach über dem Kopf zu verlieren, gibt es so viele wie Obdachlose. Die einen haben ihre Arbeit verloren, weil die Firma ihre Produktionsstätte nach China oder Südostasien verlagerte. Oder sie sind krank geworden und wurden während ihrer Abwesenheit ersetzt. Auffällig sei aber die dritte Gruppe. Das sind Menschen über fünfzig, die keine Familie haben. Und diese Gruppe werde größer angesichts der Überalterung der Gesellschaft und des massiven Geburtenrückgangs, fürchtet Sozialwissenschaftler Lin Thung-hong von der Academia Sinica im Gespräch mit *Channel News Asia*. Zudem reichen die Löhne oft nicht mehr aus, um die rasanten Mietzinssteigerungen aufzufangen, denn Taiwan legte in den letzten Jahren einen fulminanten Wirtschaftsaufschwung hin.[91] »Die Armen haben die Stadt aufgebaut, aber ihre Geschichte will niemand hören«, sagt Jia Xi-yah und beklagt sich auch darüber, dass jeder nur an sich denke und den eigenen Geschäften nachgehe; keiner frage mal nach, wie es den anderen eigentlich gehe.

Hier springt Hidden Taipei ein. Neben den Rundgängen organisiert die NGO zum Beispiel die Living Library – Veranstaltungen, bei denen Obdachlose aus ihrem Leben erzählen –, organisiert Ausstellungen und bietet Unterrichtsmaterial an. Ziel sei es, Vorurteile abzubauen. Obdachlose gelten als faul, seien es indes keineswegs, im Gegenteil. Siebzig Prozent der Obdachlosen arbeiten, achtzig Prozent verdienen aber weniger als 5000 Yuan (150 Euro, bei einem monatlichen Durchschnittseinkommen von etwa 1200 Euro). Obdachlose riechen beispielsweise deshalb streng, weil es für sie kaum Möglichkeiten gibt, sich zu waschen. Und sie lieben nicht etwa das freie, ungebundene Leben, sondern sind oft unverschuldet in eine Notlage geraten und auf der Straße gelandet. Yan Man-ru hofft, dass durch die Rundgänge und direkten Begegnungen mit Obdachlosen aus der Einsicht in das Leben dieser Menschen engagierte Empathie werde.

Wem geben die Obdachlosen und die Armen der Stadt die Schuld für ihre Misere? Der eigenen Familie, den Chefs, der Regierung oder dem Karma? Keiner weiß eine Antwort auf die Frage, alle schütteln den Kopf und schweigen. Nur einer ruft: »Wir sind es selbst, wir selbst«, und seine Stimme wird dabei immer lauter. »Was bringt es denn, anderen die Schuld für unser Scheitern in die Schuhe zu schieben? Nichts bringt es, nichts.«

Dass es das Karma sein soll, lehnt Yan Man-ru als Begründung ab. »Wir führen diese Touren durch, damit die Menschen sehen, wie die Obdachlosen leben, damit sie verstehen, was in ihnen vorgeht, welche Probleme sie haben. Und damit wir gemeinsam überlegen können, wie wir ihre Situation verbessern können. Karma?« Sie schüttelt den Kopf. »Damit macht man es sich zu einfach. Das würde bedeuten, dass der Einzelne und auch die Gesellschaft nichts tun könnten, um die aktuellen Lebensumstände zu verbessern, dass man sich auf ein besseres Leben im nächsten vertröstet.«

Pazifik

Wir folgen einem Schild zum Moonlight Inn in Dulan, des Namens wegen und weil das Wetter ohnehin trüb ist und zu nichts einlädt. Fahren die gewundene Straße immer weiter den Berg hinauf, bis sich das Bambusdickicht lichtet und ein Pavillon in japanischem Stil auftaucht.

Wolken über dem Pazifik. – Klingt fast wie der Titel eines Gedichts, denke ich spottlustig. Der Blick über den Pazifik wirkt beruhigend.

Ich murmle den Namen vor mich hin. Hat der Pazifik je sein Versprechen gehalten, Frieden gebracht?

Der Blick ist eine Verheißung.

> So könnte es gehen
> nichts Großes, viele kleine Schritte, einer, vielleicht zwei,
> nicht einmal im Laufe eines Tages, im Laufe einer Woche
> vielleicht.

So erscheint mir das Leben hier nicht voll und prall, eher leise und vorsichtig. Als traue man dem Leben nicht, dem Land, dem Boden, der ständig bebt. Als bleibe man nicht lange, richte sich auch nicht wirklich ein. Zu ungewiss alles.

So denke ich beim Blick auf dieses meerruhige Wasser, aber auch, wenn ich eine vielspurige Straße sehe, eine Fußgängerbrücke, eine Tankstelle.

Und bei diesem Blick ertappe ich mich, wie ich in Gedanken schon formuliere, was ich in Taiwan verstehe, nicht verstehe, was mir unentwegt Rätsel aufgibt.

Perspektiven

Es ist mein erster Kinobesuch seit vielen Monaten. Vielleicht stößt mir deshalb die weiße Arroganz in dem Film *A Dog called Money*[92] so übel auf, den ich zusammen mit zwei taiwanischen Freundinnen sehe. Sie stoßen sich daran, dass die westlichen Künstler im Film nach Afghanistan und in den Kosovo fahren, aus fremdem Leid Kunst kreieren und ihre Protestslogans den Ghettokids aus Washington D.C. klauen. Die Musiker sind durchweg weiße Männer, selbst wenn die Sängerin PJ Harvey den Ton angibt. Alle »Anderen« sind schwarz, afghanisch oder kosovarisch.

Auch mich springt dieses Unverhältnis an, weil ich es so schon lange nicht mehr vorgeführt bekommen habe, weil ich hier – abgesehen von zwei Ausnahmen: einmal standen vier Männer auf der Bühne, bei einem anderen Konzert vier Frauen – stets gemischte Ensembles gesehen habe. Das ist so selbstverständlich, dass es niemand besonders erwähnen muss.

Zunehmend skeptisch blickt man nach Europa und will sich nicht mehr länger der Entwürdigung aussetzen, die asiatische Puppe in einem multikulturellen Ensemble zu spielen, in dem dann doch wieder nur die Perspektive des europäischen Regisseurs zähle, so sagt es die Tänzerin F. gleich bei unserer ersten Begegnung. Schlägt deshalb lieber Einladungen aus und besinnt sich auf Kulturen im asiatischen Raum, Tänze, Künste, Literatur. Nachdem man jahrelang Europa und die USA in vielem nachahmte, weil sie vor allem auf kulturellem Gebiet als Vorbilder galten.

Biji, Pinselnotizen

Die klassischen Pinselnotizen, *biji*, stammen aus der Tang- und Song-Dynastie des Kaiserreichs China. Die thematische Formenvielfalt hat schon die Bibliografen der Song-Zeit vor Probleme gestellt, da sich die Pinselnotizen keinem eindeutigen Genre zuordnen lassen. Die Beschreibung »essayistische Miniaturen« oder auch »literarische Kleinform«, so der Sinologe Helwig Schmidt-Glintzer, kommt diesem Genre vielleicht am nächsten, das so heterogene Texte versammelt wie Reiseeindrücke, Notizen, Anekdoten, Betrachtungen, Gedichte. Das Notieren von Gedanken und Beobachtungen ist in China so alt wie das Schreiben selbst.[93] Oftmals wurden nur Speisen aufgezählt, Gehörtes niedergeschrieben, womit sich die Pinselnotizen von offiziellen Annalen unterscheiden. Manchmal leuchten Erinnerungen kurz auf, schimmert die Vergangenheit aus dem Notierten wie ein Traum, seltsam lückenhaft.[94]

Shen Kuo, der im 11. Jahrhundert seine *Pinselunterhaltungen am Traumbach* niederschrieb, verfasste 609 solchartige Texte. »Dabei kann eine Pinselnotiz aus lediglich drei Sätzen bestehen oder mehr als eine Seite umfassen. In lockerer Folge [...] stehen höchst originelle neben [...] didaktischen Notizen.«[95] Und im Vorwort schreibt der ehemalige Beamte und Naturwissenschaftler: »Da Verschiedenes auf Überlieferung beruht, sind Lücken und Irrtümer unvermeidlich. Wenn nun aber jemand meint, ich hätte einen zu geringen Beitrag zur Beförderung der Sittlichkeit geliefert, kann ich nur betonen, dass dies gar nicht in meiner Absicht lag.«[96]

Power to the People

Es ist das Wochenende der Wochenenden, Ende Mai beginnt es schon am Freitagnachmittag. Als der Monsun für ein paar Minuten nachlässt, dampfen die Bäume vor der kleinen Terrasse im zweiten Stock des Cafés Steep Stairs, in das man bezeichnenderweise nur auf einer sehr steilen, sehr schmalen Treppe nach oben gelangt. Ein umgebautes altes Haus mit viel Charme und noch mehr Winkeln und Ecken und zwei Separés im obersten Stock – es könnte irgendwo sein, nur hätte ich es nicht in Taipei vermutet. Mit Serena diskutiere ich einen Nachmittag lang ethische Standards im Journalismus und die Notwendigkeit, dass Taiwan sich mit einem neuen Mediengesetz gegen Fake News und die Beeinflussung durch China wehren muss.

Am Abend bin ich im Pure Wine verabredet, wo mich die Sängerin wie eine alte Bekannte grüßt. Verwechselt sie mich? Aber bei so wenigen Ausländern in der Stadt? Verunsichert setze ich mich auf den letzten freien Platz in der ersten Reihe, da kommt sie zu mir und sagt, sie sei doch neulich bei uns gewesen, zum Geburtstag meiner Mitbewohnerin, ob ich sie nicht wiedererkenne. Noch verunsicherter entschuldige ich mich, dass an jenem Abend so viele Leute da waren. »Aber ich war doch die, die den stinkigen Tofu mitgebracht hat.« Sie lacht, noch immer fällt mir kein Gesicht dazu ein. Nur die raue Stimme, daran erkenne ich sie wieder. Sie singt die Billie-Holiday-Version von Edith Piafs »La vie en rose«, singt später soulig: »Give your heart and soul to me / And life will always be ...«

»Power to the people« am Samstagmorgen, eine Demonstration im Hauptbahnhof. An den Wochenenden sollen Migrantinnen aus Südostasien, die in Taiwan hauptsächlich im Care-Bereich arbeiten, picknicken dürfen, so wie man es auch aus anderen Städten, beispielsweise Hongkong, kennt. Covid-19 hatte das Bahnhofsmanagement veranlasst, diesen Platz zu sperren, und am Montag angekündigt, diese Sperrung trotz der Aufhebung zahlreicher Corona-Maßnahmen beizubehalten. Daraufhin wurde kurzerhand eine Demonstration organisiert und flugs umstrukturiert, weil Mitte der Woche Peking ein neues Sicherheitsgesetz für Hongkong verabschiedet hatte. Nun geht es nicht mehr nur um das Recht auf öffentlichen Raum – was ja auch beispielsweise beim Hauptbahnhof in Zürich immer wieder diskutiert wird, aber gab es deswegen jemals eine Demonstration? –, sondern um die Sicherheit der Hongkonger Bürger. Schwarz-Weiß sei der Dresscode, erreichte mich kurz zuvor noch eine SMS, abgestimmt auf die Bodenfliesen in der Haupthalle; die Pressefotos von der Demonstration sind bestechend.

Als die Hymne »Glory of Hong Kong« angestimmt wird, geht ein Raunen durch die Halle, auch wenn nur wenige den kantonesischen Text mitsingen können. Fünfhundert Leute seien zusammengekommen, wird nachmittags gemeldet. Nun, nicht die Welt angesichts drei Millionen Einwohnern Taipeis, doch ergreifend war es allemal.

Wie schon die Samstage zuvor fahre ich am Nachmittag mit Emily ins Bildhaueratelier nach Tamshui, um meine dritte Taiji-Figur fertigzustellen, das Gleichgewicht der Figur zu stabilisieren, den Faltenwurf der Hose zu korrigieren, die Sehnen der Schulterblätter und überhaupt noch einige Details herauszuarbeiten.

Abends probieren wir in einer nichtöffentlichen Cocktail-Bar verschiedene Gins, den japanischen Roku zum Beispiel. Dass Gin so blumig sein kann? Später am Abend stellt der Barkeeper einen südafrikanischen Gin aus Sanddorn und Lavendel vor mich hin, einen Wüstengin, nachdem er zuvor wissen wollte, wovon mein erster Roman *Die Wüstengängerin* handle.

Am Sonntag gehe ich in den Jingmei White Terror Memorial Park, den Opfern der Militärdiktatur gewidmet. Alle Uhrzeiger stehen auf vier, denn vier – chinesisch *sǐ* – ist auch das Homofon von Tod. Zwischen vier und fünf Uhr morgens wurden die politischen Gefangenen abgeführt, die später auf dem Machangding Execution Ground am Fluss hingerichtet wurden. Zuvor hatte man ihnen schwere Fußketten angelegt, mit denen sie laut rasselten, damit alle hören konnten, dass die Todeskandidaten ihren letzten Gang antraten. Die Mitgefangenen stimmten dann ihnen zu Ehren ein letztes Lied an.

Knappe vier Jahrzehnte hielt sich die Militärdiktatur in Taiwan. Politische Gefangene gebe es keine, hatte Chiang Kai-shek jahrelang behauptet, bis der Assistent des Gefängnisarztes Namenslisten hinausschmuggelte und Amnesty International aktiv werden konnte.

In einer Einzelzelle des Museumsgefängnisses steht plastifiziertes Essen auf den Tischen, in der Ecke ist eine Toilettenschüssel in den Boden eingelassen, an der gegenüberliegenden Wand liegen Briefe. Nicht mehr als zweihundert Zeichen wurden pro Brief erlaubt. Mit Worten wurde gegeizt und auch mit der Zeit. Nur zehn Minuten Besuchszeit wurden jeden Donnerstag gewährt. Dafür mussten die Angehörigen oft weite und beschwerliche Fahrten auf sich nehmen und warteten doch manches Mal vergeblich.

Am Abend treffe ich mich mit dem Lyriker Hung Hung bei einem Konzert von Hsieh Ming-yen – »the most talented saxophone player in Taiwan«, hatte er mir zuvor gemailt. Die Rhythm-Alley-Bar versprüht den Charme eines Yoga-Studios, was es unter der Woche auch ist. Funkig und wild wird zu Ehren eines anderen Saxofonisten gespielt: Joe Henderson und dessen Album: »Power to the people«.

Prothesen

Zwei Männer mit Prothesen.

Einen sehe ich am Vormittag. Lose schlenkert sein Hosenbein. Dort, wo das Fußgelenk ist, schaut ein Holzrohr hervor.

Am Nachmittag sehe ich den zweiten. Er sitzt an einer Straßenecke, das künstliche Kniegelenk umgeklappt und nach oben hin offengelegt, der hellbraune Stumpf danebengestellt. Ein sauberes Gelenk aus Plastik, die einzelnen Gelenkteile haben unterschiedliche Farben, beige, hellrosa, gelb. Als sei beim Zusammenlegen die Reihenfolge der Farben entscheidend gewesen.

Qigong

Immer donnerstags stehen wir mal zwischen Bambusstauden, mal auf einer Wiese, bei Regen unterm Dach eines Pavillons. Wir schwingen die Arme, holen die Energie mit offenen Handflächen vom Himmel, ziehen sie aus der Erde, so geht es in einem Fluss. Moskitos stechen zu, Menschen mit Mundschutz gehen langsam an uns vorüber, das Rauschen der Großstadt im Ohr, bis schließlich der Himmel in der beginnenden Dämmerung in einem blassen Orange schwimmt.

Mal sind der Qigong-Lehrerin zu viele Leute im Park, mal ist der Boden nicht recht, mal der Wind. Jedes Eichhörnchen lässt sie die Übung mit einem Ausruf des Entzückens unterbrechen. Und im Da'an Park gibt es viele Eichhörnchen.

Samstags unterrichtet Mauro Qigong. Er lebt seit vierzehn Jahren in Taipei, lässt sich durch nichts aus der Ruhe bringen, steht wie ein Baum, wenn wir uns im Innenhof eines Hochhauskomplexes aufstellen. Breite ich die Arme aus und beuge mich nach hinten, sehe ich die Nummer 5, 6, 7 und 9 weit oben auf den Hochhäusern angebracht, drehe ich den Oberkörper, die Nummern 35 und 37. Die Nummern dazwischen sehe ich nicht, dafür gleitet mein Blick pfeilgerade an den Fassaden entlang hinauf in einen blassen Himmel, wo über den Nummern ein weißer Reiher fliegt. Wir stehen in einem Kreis, doch das kümmert keinen, Menschen gehen durch uns hindurch, Radfahrer queren uns.

Heute sagt Ami, die in einem der Blöcke wohnt, im Rollstuhl

sitzt und die jede Qigong-Bewegung anstrengt, der aber jede noch so kleine Schwingung guttut, man sieht es ihren Augen an, in ihrem Gesicht, wie sie sich entspannt, sie sagt, wir sollten den Ort wechseln. Von ihrem malaiischen Dienstmädchen lässt sie sich ein paar Meter schieben, weil die Luft hier besser sei. Mir fällt der Unterschied zwischen schlechter und noch schlechterer Luft nicht auf. Ich sehe nur, wie Farn aus einer braun gekachelten Fassade ragt, überlege, wie viel Licht so ein Farn vor einem kleinen Küchenfenster aussperrt oder ob er gerade deshalb dort steht.

Nach vielen Wochen endlich kribbelt eines Morgens das Qi in den Fingern, die Leber und damit der Ärger kommen zur Ruhe – wenn ich nur ein klein wenig und sanft die lockeren Fäuste über der Leber kreisen lasse, wenn die Ruhe in mich einsickert und nicht gerade ein Rasenmäher über den Sportplatz am Fluss geschoben wird.

Qu Yuan[97]

Ruhe und hoch das Paddel vor dem Stich ins Wasser, ein Ruck zurück und die Trommel dazu.

Er ficht mit Worten statt mit Degen, merkt das peinliche Wegdrehen nicht, den Segen über Kreuz. Ist es eitler Stolz, ist es Rechthaberei, wenn einer sich waidwund ficht und rechtet, den Mächtigen und Gefälligen in Arm und Worte fällt? Er merkt nicht den Stich in den Rücken, bevor sie ihn vertreiben, merkt nur, dass Winkel und Kreis nicht zusammengehen, und notiert dies in seinen Schriften.

In den Bergen windet er Girlanden aus Gladiolen, aus Efeu ein Gewand, streift umher in üppiger Einsiedelei. Herbstastern stechen, Bambus splittert, Sommer und Winter. Nur zwei hören ihm zu, ein Schmetterling und ein Greif.

Als er zurücksieht und in die Zukunft blickt, steigt er hinab ins Reich, wo einst Hochmut und wollüstiges Leben mehr zählte als seine Wortglut. Wollte er mehr als nur Größe, Rechtschaffenheit? Er klagt, sein Name wird von den Nachfolgenden vergessen, sich nicht bewähren, wenn das Reich zerfällt.

Urvater der Poesie, am Ufer gebrochen, der Wind trägt sein Wort und das Wasser den Körper fort. Gebrochen im Stolz? Und unter fremden Herren keine Horte? Vielleicht, wer weiß, verbanden ihn mit dem König mehr als nur Worte.

Alle kennen sie ihn, kaum jemand kennt seine Schriften. Ihm zu Ehren sind es nur wenige, die an diesem Tag mit Worten fechten. Damals warfen sie alles, was sie fanden, in die reißenden Fluten, Reis, Fleisch, Pilze und Nüsse, in Blätter gewickelt, damit die Fische von ihm lassen und die Flussgötter ihn nicht hassen. Noch heute geben sie dem Wasser Schnaps zu trinken und trommeln dazu im Gleichtakt mit drohendem Unterton.

Regen

Was für ein Trommeln schon den ganzen Morgen! Je nachdem, wohin die Tropfen fallen, auf welches Blech, entsteht ein anderer Ton, auch der Rhythmus ist naturgemäß keiner, dem man folgen könnte. Der Regen klopft aufs Dach, und ich höre zu, zähle die Tropfen, viel zu schnell, verzähle mich, muss wieder beginnen und vergesse über der Eile das Zählen. Dann wird dieses Tropfen drängender, plötzlich stockt es. Schließlich treiben mich die Unregelmäßigkeiten, dieses durchdringende Regengelispel aus dem Bett.

Ich schaue hinaus. Die Straßen, der Balkon, alles trocken. Es muss in der Nacht geregnet haben, und bis in den Morgen hinein tropft die Nacht sich aus.

Es regnet am Tag. Manchmal denke ich an Chopin – wie hat er diesem Tropfen eine Melodie abringen können? Was für einen Regen hat er gehört?

Diese Morsezeichen auf Blechdach.

Manchmal denke ich an Gewehrkugeln, wenn sie auf das Blech treffen.

Ich kann mich jedenfalls nur schwer konzentrieren in diesem arhythmischen Tropfenkrach, dieser Regenfeuchtigkeit und -dämmrigkeit. Der Tag ist um halb neun Uhr morgens noch nicht hell und wird es auch nicht werden. Hat er sich schon in der Nacht aufgegeben?

Die Vorstellung, aus dem Haus zu gehen, um dem Trommeln

zu entkommen, die Vorstellung, in die vom Vortag noch feuchten Schuhe zu schlüpfen, an den nassen Stoff, wie er reibt – am besten also doch gleich nur Sandalen. Mit ihnen schwimme ich durch regennasse Straßen. Dass die Füße dabei aufweichen und vom Straßenschmutz schwarz werden, ist weniger schlimm.

All diese Vorstellungen halten mich in meinem Zimmer. Ich höre mir dieses Tropfen an, höre dem Monsun zu.

Hat darüber schon mal jemand geschrieben, dass man so nicht lernen, nicht schreiben kann mit diesem Klopfen im Ohr, mit diesem Lärm, mal schneller, mal lauter, schon meine ich, das Tropfen lässt nach, doch gleich prasselt es wieder lauter und schneller. Wie soll, wie kann ich einen ruhigen Gedanken fassen, wenn er vorwärtsgepeitscht wird von diesem Trommelfeuer an Regentropfen?

Regenschirme in Supermärkten weisen nicht aus, wie wasserdicht sie sind, sondern wie sie gegen UV-Strahlen schützen. Und kaum scheint nach etlichen Regentagen die Sonne, tauchen die Regenschirme wieder auf, dieses Mal schützen sie vor der Sonne.

Ruhe

Langsam, nach dreieinhalb Monaten, stellt sie sich ein, so wie ich es mir für meine Zeit hier gewünscht habe.

Schildkröte

Fast hätte ich sie übersehen; sie hockt unter einem Geländer. Hinter ihr geht es steil hinab ins Flussschilf. Wie ist sie hochgekrochen, was tut eine Wasserschildkröte an Land? Der Panzer muss sie schwer drücken.

Wie gern hätte ich bisweilen einen solchen, den Kopf ein wenig vorschieben, die Augendeckel hochklappen und bei Nichtgefallen wieder herabfallen lassen. Einer beherrscht diese Kunst aufs Vortrefflichste, nur ist bei ihm der Grund ein anderer. In der Erzählung »Schildkröten« von Wu Jinfa lässt Ah Gen den Kopf zwischen seinen Schultern verschwinden, damit die Kritik ihn nicht trifft, über ihn hinweggleitet.[98]

Die Schildkröte hier vor mir scheint neugierig und zaudert doch. Sie zögert, fährt ein Bein aus, als ob sie prüfen wolle, ob sie das überhaupt noch hinbekommt? Die anderen Beine stecken unter dem Panzer.

Ruht sie sich aus? Wartet sie auf freie Bahn, um von den Radrennfahrern nicht überfahren zu werden? Sie würden sie zwar nicht gleich zermalmen, nur, würde sie solch einen Aufprall überleben?

Warum rührt sie sich nicht?

Als ich den Weg eine halbe Stunde später zurückgehe, ist sie verschwunden.

Heute Morgen, am Rand des Sportplatzes, plumpst etwas ins Wasser. Ich sehe nur noch den Rücken einer abtauchenden Schildkröte. Hatte sie sich dort auf der abschüssigen Stelle gesonnt? Haben sie meine nahenden Schritte erschreckt?

Das Wasser ist dunkel und schlammig, geriffelt vom Sprung der Schildkröte, eine kleine Krabbe huscht leicht und seitfüßig am Uferrand, als suche sie etwas.

Schnecken

Noch immer erschrecke ich, wenn ich sie sehe. Sie sind oft so dunkel wie der Hintergrund, auf dem sie kriechen, und sehen mit ihren Häusern aus wie kleine Pyramiden. Ich vermutete sie eher in einem tropischen Urwald, nicht aber in einer Millionenmetropole. Besonders aufmerksam muss man nachts beim Gang durch den Park sein, wenn sie sich zusammenklumpen zu Paaren, dass man nicht aus Versehen auf sie tritt. Sie sind Schatten im Licht einer abgedunkelten Straßenlaterne.

Morgens sehe ich ihnen neugierig zu, wie sie mit vorgestrecktem Hals auf eine Kante zukriechen, die Kante einer Treppenstufe zum Beispiel. Was passiert dann mit ihnen und dem Gehäuse? Reißt es das ganze Getier in den Abgrund, nur schon wegen des Schwergewichts, gegen das die Schnecke ja auch nichts machen kann, so wie sie ihr Leben lang das auf ihrem Rücken trägt, was ihr Schutz ist, manchmal vielleicht auch ein Fluch, der auf ihr lastet? Überschlägt sich das Tier womöglich auf dem Weg hinunter zum Fluss, und von dort, und wohin überhaupt…

Haltloses Denken kreist in einem fort und stockt. Liniengestrüpp.

Schreiben

Februar

Ich werde nichts über Taiwan schreiben. Nur Postkarten, das muss genügen. Nichts recherchieren. Die Gedanken, überhaupt etwas zu schreiben, werden von Tag zu Tag dünner, die paar Schreibgedanken können jederzeit aufgegeben werden. Gekapert wovon, von wem? Wird es mir fehlen, das Schreiben?

März

Eine Zeile aus dem Nachruf auf Yang Mu: »Die größte Befriedigung liegt darin, für einen Stern, eine Wolke zu schreiben.«

April

Das tägliche Schreiben könnte helfen, dass die Wochentage nicht verrutschen, denn dagegen hilft noch nicht einmal der Sprachkurs: fünf Tage die Woche, doch welcher Tag, welches Datum, das verschwimmt vor lauter Hausaufgaben und Präsentationen und Schriftzeichenkritzeln.

Das Schreiben hilft manchmal bei der Vergewisserung, hilft auch gegen das Verschwinden von Wörtern, wenn mir mitunter ein Wort nur noch auf Englisch oder Chinesisch einfällt, weil es im Deutschen keine Entsprechung gibt oder sie mir zu umständlich erscheint.

Ein Stoff müsse sich aufdrängen, schreibt Ilma Rakusa in *Mein*

Alphabet.[99] Und hier drängt sich alles auf, treibt mich um, und dennoch fällt das Schreiben schwer.

Mai

In meinen Notizen finde ich den Satz: »Das Schreiben ist ein mühsames, unüberschaubares, das Vorankommen zäh. Von lustvollem Schreiben kann keine Rede sein. Es spielt, schreibt sich nicht ein.«

Mit dem Übersetzen von Gedichten kommt die Schreiblust für kleine Texte, nach den Bildern einiger Lyrikerinnen suche ich beschwingt eigene Wortinseln im Meer.

Juni

Es wird mir leid, das Aufschreiben eines Tages oder eines Wochenendes. Es ist wie ein Aufblasen von Alltagskleinigkeiten, des Egos. Das denke ich auf dem Weg zurück vom Fluss. Was für eine Überschätzung des eigenen Ichs, dass man meint, das eigene Schreiben, das Schreiben ums Ich, das Schreiben der eigenen Gedanken, überhaupt das Schreiben sei bedeutsam. Weshalb der Drang, hinauszumüssen mit den Texten?

Bei dieser Hitze wird jeder Gedanke schwerflüssig, die Knie, die Schenkel, das Kleid, alles klebt.

Das Schreiben ist mindestens zur Hälfte ein Nichtschreiben, ein Betrachten von Blättern an einem Ast, der aus einem Fenster, vermutlich einem Wintergarten, ragt, Spatzen zuhören, Autos und Motorrollern nachsehen. Was ich sehe, notiere ich innerlich. Gedanken und Ideen und Bilder werfen sich auf, *liánxiǎng*, hängen aneinander. Sie ploppen hoch wie Fische, dann das nächste, weil das eine das andere entzündet.

Es gibt auch Notizen, die ich in mein Telefon tippe, damit ich sie nicht vergesse: Ein Feuerwehrauto rast durch die Stadt, auf einem kleinen Anhänger zieht es ein Schlauchboot hinter sich her, das über jede Unebenheit fliegt wie über eine Stromschnelle.

Schreiben in der Fremde ist sammeln. Auch aus Respekt dem Land gegenüber, lese ich in *Made of China* von Lea Schneider. Ich schreibe, damit ich sehe, mich erinnere, damit beim Wiederlesen die Eindrücke mitschwingen, die ich nicht notiert habe, Gerüche nach Fisch und rohem Fleisch zum Beispiel, das Klappern von Topfdeckeln auf dem Nachtmarkt, in morgendlicher Eile hingeworfene Gespräche zwischen Verkäuferinnen und Kundinnen, die Blicke der Marktfrauen.

Juli

Satz für Satz setze ich zusammen und rette den Inhalt damit gleichsam für mich vor dem Vergessen. Vielleicht kapselt sich alles ein? Wird zu einer Knospe unter der Haut, man sieht nicht einmal unbedingt eine Unebenheit. Gelange ich schreibend an das, was sich eingekapselt hat?

Doch Schweiß und Feuchte lassen die Finger auf den Tasten ausrutschen. Manchmal fließt das Wasser sogar in die Augen, dass es brennt. Meine Collagen muss ich bald aufgeben, das Papier wellt sich, die Schere schneidet keine scharfen Ränder in feuchtes Papier, reißt es. Das Material werde ich so, wie es ist, in den Koffer packen.

Doch die Hitze als Grund fürs Nichtschreiben vorzuschieben, wäre eine Ausrede. Einmal will ich ein Gedicht dazu übersetzen und sehen, wie die Lyrikerin Chen Yihong die Hitze beschreibt. Ein feines Streichen über die Haut, ein schmaler Türspalt, durch den ein Luftzug weht, die Haut wird feinporiger. Trost ist auch bei ihr nicht zu haben.

August

Wie ein Blitz schlägt es bei mir ein. Ich höre ein Interview mit Hannah Arendt, in dem sie über das Wagnis der Veröffentlichung spricht. »Man exponiert sich dem Lichte der Öffentlichkeit, und zwar als Person. Wenn ich auch der Meinung bin, dass man nicht auf sich selbst reflektiert, in der Öffentlichkeit erscheinen und handeln darf, so weiß ich doch, dass in jedem Handeln die Person in einer Weise zum Ausdruck kommt wie in keiner anderen Tätigkeit. [...] Das ist ein Wagnis. Nun würde ich sagen, abschließend, dass dies Wagnis nur möglich ist im Vertrauen auf die Menschen, das heißt in einem schwer zu fassenden, grundsätzlichen Vertrauen in das Menschliche aller Menschen, anders könnte man nicht.«[100]

Habe ich Zugang zu diesem Vertrauen?

Zurück in Europa, November

Der Wunsch, nichts erklären zu wollen, es bei Beobachtungen bewenden zu lassen. Erklärungen erfassen nicht einmal einen Bruchteil dessen, was ich sehe, denke, suche, sammle. Sie verwischen so leicht Unterschiede, das Notierte wird auf einmal banal. Und dennoch helfen sie, halten sie etwas. Wie finde ich das richtige Maß?

Eine der acht Todsünden des Schreibens, so Katrin Röggla, sei es, den Selbstwiderspruch zu zelebrieren. »Dem Zweifel zu wenig oder zu viel Raum geben, kein tänzerisches Vermögen besitzen oder zu viel Tänzerisches – keine Kalibrierung des Blicks unternommen haben, die Selbstbefragung unter- oder überschätzt haben. [...] Dem ersten Einfall folgen oder ihm gar nicht folgen, mit der Verkürzung der Dinge ständig argumentieren, am Ende immer kürzer werden wie hier (und die Skizzenhaftigkeit herausstellen), also nicht wirklich dranbleiben, zu sehr dran bleiben, sich auf Verweigerungsschienen befinden.«[101]

Shilin

Surrender Morgen
im Gelehrtenviertel wie
ein Dorf in der Stadt
Tofuverkäufer richten
die Stände Nudeln
werden geschlürft und Kinder
zur Schule gebracht
Frauen und Männer schwingen
Arme und Beine
rollen durch den Park werden
geschoben Frauen
in Kopftüchern plappern in
ihre Smartphones die Sonne
verbrennt schon früh am
Morgen die Haut
im Park kämpft
einer mit dem Schwert
gegen Schatten beim Gongde-
Tempel sind Männer
beim Schachspiel nur die Götter
qualmen im Weihrauch
später am Tag schwimmt Tofu
im Öl Speck Nudeln
feuchter Dunst ein alter Mann

mahlt mit den Kiefern
und wartet auf Klöße erst
jetzt fallen Tropfen
am Morgen schon verheißen
Fäden hängen vom
Himmel dazwischen ertrinkt
die Erde in Grau
in dieser Schwüle ist kein
Denken möglich und
unbestimmt das Ergebnis
einer hält die Hand
zum Schutz übern Kopf ein Spitz
bellt Sonntag im Mai

Sicherheit

Nach ein paar Wochen erst fällt es mir auf – kein rascher Blick über die Schultern im Gedränge, die Tasche muss ich nicht unter dem Arm einklemmen, nachts im Park, am Fluss, kein schneller Schritt, nur weil es dunkel ist.

Die Zahlen geben meinem Gefühl recht. Im aktuellen *Global Crime Report* wird festgehalten, dass Taiwan das zweitsicherste Land der Welt ist.

Soong Mei-ling

Vom Schrein für die Märtyrer – wohlgemerkt der KMT-Regierung, zum Gedenken der Opfer bei der Eroberung Taiwans und im Bürgerkrieg gegen Mao Zedong – ist es nur ein paar Schritte und Treppenstufen hinauf zum Grand Hotel Taipei. Ich bin überrascht, dass das Café im Yuanshan-Hotel noch immer im Bann einer schillernden Frau steht.

In einer Ecke hängen sepiafarbene Fotografien:

Soong Mei-ling mit Chiang Kai-shek, wie sie in einer Menschenmenge badet;

Soong Mei-ling gibt einen Empfang;

Soong Mei-ling schreitet die Treppe des Flugzeugs hinunter, hebt die Hand zum Gruß;

Soong Mei-ling vor einem ausladenden Automobil.

Selbst auf den Tassen des Cafés prangt das Porträt von Soong Mei-ling. Hätte sie daran Freude gehabt, die Gattin des Generalissimo Chiang Kai-shek, auf den heute kaum einer gut zu sprechen ist, so hart führte er das Land während der fast vierzigjährigen Militärdiktatur?

Anders als ihre Schwester Qing-ling, die mit dem Vordenker des modernen Chinas, Sun Yat-sen, verheiratet war, interessierte sich Mei-ling für die Macht, repräsentierte und intrigierte in den höchsten internationalen Kreisen, die über das Geschick Chinas mitbestimmen wollten, saß mit Churchill und Roosevelt am Tisch, die beschlossen, dass Formosa nach dem Zweiten Weltkrieg wieder China zugeschlagen werden solle – wohin sie mit ihrem Gatten 1949 floh. Der war besessen von dem Gedanken, von der Insel aus China wieder zurückzuerobern, verhängte das Kriegsrecht, um die Gesellschaft für den Angriff zu mobilisieren, hielt das Volk Jahrzehnte in dieser Starre.

Soong Mei-lings Verhandlungsgeschick ist es womöglich zu verdanken, dass sich bis weit in die siebziger Jahre vor allem in den USA die Ein-China-Doktrin der Taiwan-Regierung behaupten konnte, die Anspruch auf ganz China erhob und für Millionen von Chinesen zu sprechen vorgab.

Taiwan begann am 25. Oktober 1971 zu verschwinden, als ihm der Sitz in der UNO entzogen wurde. Damit bröckelte auch das Fundament der KMT, denn die Partei musste den Alleinvertretungsanspruch an die Kommunistische Partei Chinas abtreten. Am Prinzip der Ein-China-Politik, wenn nun auch mit anderen politischen Vorzeichen, rüttelt seither kein Land.

Soong Mei-ling hat lange gern und gekonnt mitgespielt, spitzzüngig und machtbewusst. Ich erinnere mich gut an ihre Geschichte und auch an die ihrer Familie, an ihre zwei Schwestern, von denen die älteste das Geld und die mittlere das Land geliebt habe, so heißt es noch heute. Vielleicht weil *Die Soong-Dynastie* von Sterling Seagrave das allererste Buch war, das ich über China gelesen habe, damals, 1986, bevor ich anfing, Sinologie zu studieren. Es sagt viel über die Schiebereien und dubiosen Machenschaften im Hause Chiang-Soong. Mit 106 Jahren stirbt die »chinesische Kaiserin«, wie Ernest Hemingway sie nannte, 2003 in New York.

Wie viele von den Gästen im Café sind Anhänger der KMT? Oder sitzen sie aus anderen Gründen hier?

Die Straße glänzt im Regen, als ich zurückgehe. Ich beeile mich, um noch vor der Dunkelheit in der lichternen Stadt unten anzukommen. Der Blick auf Taipei ist verhangen. Die Abenddämmerung legt sich über die Stadt, die ersten Neonlichter spritzen auf.

Vom Taipei 101 ist nur noch die Silhouette durch die Regenwolken zu erkennen.

Als ich bei einem zweiten Besuch den Hinweisschildern zum Museum folge, weil dort noch eindrucksvollere Fotografien von Soong Mei-ling hängen sollen, gehe ich treppauf und treppab durch verschlungene Gänge. – Noch ist der Tunnel, durch den Chiang Kai-shek hätte fliehen können, nicht für die Öffentlichkeit zugänglich. Der ganze Hügel, auf dem das Hotel errichtet wurde, so lese ich im Roman *Green Island* von Shawna Yang Ryan, sei untertunnelt; schließlich konnte der kommunistische Feind jederzeit angreifen, so ging die Furcht. – Schließlich gelange ich in die glitzernde Hotellobby, die mich fast blendet nach den dunklen Korridoren, kehre um und frage schließlich einen Angestellten in einem leeren Speisesaal.

»*Guān mén*, Tür zu«, sagt er knapp und eilt davon. Gilt das auch für dieses Kapitel der taiwanisch-chinesischen Geschichte? Ist es so, wie der Lyriker Cheng Chiung-ming in dem Gedicht »An den Diktator« schreibt? »Im strengen Urteil der Geschichte / Ist deine Wut nicht mehr / Als ein Niesen im eisigen Wind.«[102]

Straßen

Die erste Straße, in der ich wohne, heißt Chengdu-Straße – ich halte das für ein gutes Omen, denn in Chengdu verbrachte ich zwei intensive Jahre. Tagsüber taste ich mich voran in diese quirlige Welt. Mein Blick gleitet ratlos über Zeichen, die ich zwar lesen, aber nicht dechiffrieren kann, zum Beispiel die Straßennamen. Ich irre durch ein Gewirr aus Straßen mit Namen, die ich kenne, aber aus einer anderen Zeit, einer anderen Welt. Doch warum ist die Kangding-Straße, benannt nach einer kleinen Grenzstadt zwischen han-chinesischem Gebiet und Tibet, in der ich oft und gerne war, länger als die Chengdu-Straße, benannt nach der Hauptstadt Sichuans? Und länger als die Xizang-Road, also Tibet selbst? Wie kommen kleine Städte hierher?

Hat Chiang Kai-shek treuen Verbündeten gesagt: Hier, nimm diese Straße, du darfst ihr einen Namen geben. Oder hat er den 500 000 Soldaten erlaubt, die mit ihm auf die Insel geflohen sind, die Namen ihrer Städte zu nennen, damit die Sehnsucht nach der Heimat ihren Willen stärke, von Taiwan aus das Festland wieder zurückzuerobern? Sicherlich lag ihm daran, die Spuren der japanischen Kolonialherren zu tilgen. Denn die Neuankömmlinge staunten nicht schlecht, dass sich das Volk, doch eigentlich Chinesen wie sie, japanisch kleidete, in japanischen Holzsandalen durch die Straßen klapperte. In den Augen der Festlandchinesen erschienen die Menschen hier wie Handlanger des Todfeinds, der zahllose grausame Verbrechen an der chinesischen Bevölkerung verübt hatte.[103] Und dieses Inselvolk sprach noch nicht einmal Chinesisch wie sie. Die Sprache aber des besiegten Feindes durfte fortan nirgends mehr gesprochen oder geschrieben werden. Die Taiwaner wurden mundtot gemacht, mussten wieder eine neue Sprache lernen, die Sprache eines neuen Herrschers.

Da die Neuankömmlinge ohnehin an Taiwan nur als vorübergehender Militärbasis interessiert waren, kümmerten sie sich auch nicht um die Bevölkerung, im Gegenteil. Feindliche Abneigung führte zur erneuten Diskriminierung der Taiwaner, Unverständnis breitete sich aus wie ein Spaltpilz.

In den Augen der Taiwaner jedoch nahmen ihnen diese heruntergekommenen Soldaten, die in den Straßen von ihrem verlorenen Krieg sangen, alles, woran sie die letzten fünfzig Jahre geglaubt hatten, glauben mussten im Namen des japanischen Kaiserhauses. Erneut waren sie Bürger zweiter Klasse. Sie betrachteten die *wàishēngrén*, die von »außen kommenden Menschen«, mit Argwohn, die sich als die neuen Herren aufplusterten, aber ohne Anstand, ohne Moral, ohne Bildung waren.[104]

Die ersten Häuser, vielmehr Hütten, die sich die Neuankömmlinge bauten, waren aus gepresstem Holz, die Dächer aus Wellblech. Bedürfnisse wurden für den Moment gestillt, und das reichte, so der österreichisch-taiwanische Künstler Jun Yang in seinem Kurzfilm *A short story on forgetting and remembering*, in dem er den Spuren seiner Eltern nachgeht. Sind die Bilder realer als die Vergangenheit es je war? Eine Frage, die er sich im Film permanent stellt. »Ein paar Erinnerungen aus zweiter Hand; ein Ort dazwischen, kein Gestern, kein Morgen.«[105]

Warum klingt ausgerechnet westlich vom Westtor, in zum Teil engen Gassen und schmalen Straßen, die alte Heimat der Neuankömmlinge an, während anderswo in der Stadt die Straßennamen von Liebe und Hoffnung und großem Frieden sprechen, vollmundig Vaterland einfordern?

Was dachten sie, die Fremden vom Festland, wenn sie durch Chengdu, durch Guoyang gingen, durch Xining und Kunming, stand ihnen die alte Heimat vor Augen, ging ein Weh durch sie hindurch? Glaubten sie der Parole des Generalissimo, dass China dereinst wieder ihnen gehören werde? Taiwan sahen sie in den ersten Jahrzehnten nur als zeitweilige Basis an; China war ihre Heimat. Die Sehnsucht danach schwingt noch heute in den Straßennamen mit, in Liedern, Büchern, Filmen.

Kinder mussten in der Schule davon singen, das Festland wieder zu erobern, *fǎngōng dàlù*. Lehrer, die diese Rückeroberung anzweifelten, wurden verhaftet.[106] Bis in die Nuller Jahre hinein wurden die Namen chinesischer Berge, Flüsse und Städte auswendig gelernt, die wichtigsten Daten der jahrtausendealten Geschichte und Kultur des chinesischen Reiches. »Wir leben in Taiwan, aber wir kennen die Flüsse unseres Landes nicht. Wir wissen nicht, wie unsere Berge heißen«,[107] schreibt Uie-Liang Liou in ihren Erinnerungen.

Erst viel später unter Chen Shui-bian wurden die Bildungspläne geändert und der Fokus auf die Geschichte Taiwans gelenkt.[108]

Mit den Soldaten kamen auch geschätzte anderthalb Millionen Beamte, Zivilisten, Deserteure, Räuber und fünfzigtausend Kisten, Raubkunst aus Museen vom Festland, Erinnerung an eine Weltmacht, deren Vergangenheit heute im Palastmuseum in Taipei ausgestellt ist. Mit dem Bau des Museums als Gegenwelt zur kommunistischen auf dem Festland rückte der Traum von einer Rückeroberung ein wenig weiter in die Ferne, zumal sich die Jüngeren immer weniger für das Land ihrer Eltern und Vorfahren interessierten.

Ich kann nun Schriften betrachten, von denen ich während des Sinologiestudiums wieder und wieder hörte, sehe berühmte Kalligrafien und Gemälde – und bisweilen geht mein innerer Blick zurück in die Verbotene Stadt in Peking, die leeren Räume dort. Ist es tatsächlich möglich, dass hier auf der Insel eine chinesische Kultur bewahrt wurde und gepflegt wird, die in den Wirren der Kulturrevolution und den Nachwehen des Aufstands auf dem Platz des Himmlischen Friedens verloren gewesen wäre? Dass hier aus Scherben eine neue Identität erfunden wurde, zwar beruhend auf dem chinesisch-konfuzianischen Kanon,[109] aber auch auf anderen, ureigenen taiwanischen Elementen? Das Museum der Ethnien Taiwans liegt jedenfalls ganz in der Nähe des Palastmuseums.

Der Tag

Langgestreckt vor mir
wie selten
ich lecke
an den Ideen für diesen
Tag.

Wenn ich den Tag früh beginne
höre ich Vögel
das Surren der Motorroller
die Klimaanlagen
Scheppern aus der Küche unten
die Litanei im Tempel
Wenn.

Tanzen

Für eine meiner ersten Stadtwanderungen bin ich in Dahu verabredet und warte neben einer Rolltreppe. Hochhäuser schießen ringsum in die Höhe, eine Schnellstraße über mir. Ich horche auf, Schlagermusik von irgendwoher.

Was ich zunächst für eine ungeordnete Ansammlung von Menschen auf der gegenüberliegenden Straßenseite hielt, die vor einem Einkaufszentrum warten, waren Paartänzer, die sich durch den Lärm der vierspurigen Straße nicht beeinträchtigt fühlten und auch nicht durch das sterile Ambiente einer windigen Fußgängerpassage.

Tee

Noch ein paar letzte Tage bleiben mir für die jahrtausendealten Zedern im Wald von Alishan, im Zentrum der Insel gelegen. Emily kommt mit und organisiert alles. Die erste Nacht verbringen wir in Shizhuo auf über 1400 Metern. Das Dorf liegt im eigentlichen Teeanbaugebiet Taiwans, auch wenn oft nur vom Tee aus Alishan die Rede ist. Von einem spitzbübisch blickenden, leicht angegrauten Mann in einem silberprotzigen BMW werden wir abgeholt. Ich spreche ihn auf das Auto an. Er ist stolz und lässt sich gern fotografieren, wie er lässig am Steuer sitzt, während er uns die kurvigen Straßen hinauf zum Hof fährt, vorbei an Werbeplakaten: »Eingewattet, eingemullt im feuchten Nebel das ganze Jahr«. Der Teehof gehört seinem Vater und seinem Onkel.

Wir steigen aus und stehen im feuchten Nebel. Im nächsten Augenblick reißt der Himmel auf. Rockmusik plärrt aus einer Musikbox, die irgendwo versteckt ist. Im Eingang stapeln sich Kartons, in der offenen Teeküche, kaum mehr als eine Nische, steht ein großer, gläserner Teetisch, der von den süß-sauer eingelegten Kirschen klebt, die der alte Teebauer, der Vater des BMW-Fahrers, uns zum Tee serviert. Er gießt Wasser in eine Aufbrühkanne mit Teeblättern, von dort gießt er den Tee in ein Kännchen mit Sieb, von dieser Kanne in kleine Teebecher, das Wasser im Wasserkocher siedet derweil vor sich hin, kühlt etwas ab, wird eingefüllt, umgefüllt. Der Alte thront vor dem Teegeschirr und hantiert gleichmütig vor sich hin, klopft zwischendurch auf den Wasserhahn, damit das Wasser wieder richtig fließt, gießt das heiße Wasser dieses Mal über das Kännchen. Er redet über Fahrzeiten, Besucher und die Welt, lächelt in sich hinein, die dicken Augenbrauen hochgezogen in einem runzlig kantigen Gesicht, derweil die Hände flink zwischen Kännchen, Wasserkocher und unseren Teebechern hin und her gehen.

Ich ziehe den Duft des Zhulu-Tees –, ein Gaoshan-Tee, der oberhalb von tausend Metern in Taiwan angebaut wird –, aus einem Riechbecher tief in mich hinein, als der Alte diesen schmalen, hohen Becher plötzlich umdreht, in eine flache Teeschale stellt und mir reicht. »Jetzt den Riechbecher aufs Auge halten, den warmen Duft ins offene Auge strömen lassen. Damit kann man Augenleiden heilen.« Er erzählt von einem Mann, der einmal hier zu Besuch war, eine dicke Brille habe der getragen, doch schon am selben Abend konnte er sie ablegen wegen des Riechbecher-Teeschalen-Rituals. Wir glauben ihm nicht wirklich, angenehm ist es allemal. Zurück in Taipei, prüfe ich sämtliche Riechbecher, ob sie auf mein Auge passen. Die Teeverkäuferinnen dort haben noch nie von diesem Brauch gehört, sehen mir skeptisch zu, lassen mich aber freundlich gewähren.

Die Sonne, so hatte es der alte Teebauer auf Emilys Frage am ersten Abend gesagt, gehe um zehn nach fünf Uhr auf, doch wir kommen zu spät, werfen wir ihm später vor. Er lächelt nur, lächelt nicht mehr, als wir ihm von einer Schlange vor der Eingangstür erzählen. Er zeigt auf die Teetassen, ich sehe auf die Uhr, nur noch zehn Minuten, bis der Bus fährt, gebe ich ihm zu verstehen, er zeigt weiter auf die Tassen, schenkt ein, füllt um, bis er sich irgendwann erhebt, uns zu seinem alten Lieferwagen winkt und hinabfährt ins Tal.

Tempel

Wie viele Tempel habe ich besucht? Und bin noch immer ratlos, wie die Rundgänge zu absolvieren sind, die Plättchen zu werfen, die Zettel auszufüllen – und wofür wechselt Geld die Hände? Die vielen jungen Menschen im Longshan-Tempel, dem Drachenbergtempel, stehen nicht etwa vor dem alten Mondmann, weil er ihnen Glück beim nächsten Examen verspricht, wie ich vermute, sondern weil er ihnen Glück in der Liebe verheißt.

Wenn Himmel und Sonne schon nicht die Richtung angeben können, weil es nachmittags um vier Uhr bereits zwielichtet, zeigt wenigstens die Glocke im Innenhof Osten an, um den Morgen zu empfangen, und die Trommel Westen, um die Schließung des Tempels anzukündigen, wenn die Sonne untergeht. Allgemeinwissen für jeden Taiwaner, denke ich neidisch. Wie die Wahrsagerei mit den beiden mondsicheligen Holzplättchen, den Jiaobei. Wirft man sie zu Boden, muss eines mit dem Bauch nach oben, das andere nach unten zu liegen kommen, damit eine Frage mit Ja beantwortet wird. Ich merke bald, dass meine Fragen zu komplex sind und mir die Antworten nicht behagen. Man muss eben richtig fragen können, sagt Emily, die diesen Rat von ihrer Mutter hat. Passt einem die Antwort nicht, wird die Frage so lange umformuliert, bis die Antwort gefällt. Doch selbst das will mir nicht gelingen, so überlasse ich das Holzspiel gern den Göttern.

Als ich einmal um die Mittagszeit durch die Straßen in der Nachbarschaft gehe, komme ich an diesem seltsamen Tiertempel vorüber. Davor stehen Käfige, darin krächzen Vögel, dass es ein Jammer ist; die Flügel können sie kaum spreizen, so eng bemessen ist der Raum. Das weiße Gefieder einer Ente ist gerupft, die anderen sehen kaum Tageslicht, weil eine wollene Decke über dem Käfig hängt. Die Papageien schreien, dazu das Rasseln ihrer Fußketten, ein weißer Vogel hüpft auf und ab, ein wahres Spektakel, zwischendrin Tiger und Pferde aus Holz.

Ich gehe weiter und erschrecke fast, als mich echte Blicke aus halb geschlossenen Lidern treffen; eine Frau sieht mich wenig freundlich an. Drei Leute, umgeben von Tieren aus Holz, lassen mich nicht aus den Augen. Ich starre zurück und denke an Triaden, an Filme aus Hongkong, denn hinter den seltsamen lebenden Figuren öffnet sich die Tür zu einem vollgestellten Antiquitätengeschäft, das ich noch nie zuvor bemerkt habe.

Als ich am frühen Abend nochmals hingehe, wie um mich zu vergewissern, dass die ganze Szenerie nicht nur ein Spuk am hellichten Tag war, sind sie noch immer da. Dieses Mal schlafen sie, ihre Glieder verrenkt, rühren sich nicht. Anders ist nur, dass nun ein hochglanzpolierter Mercedes neben ihnen steht.

Tiere als Tarnung oder verwunschene Tempelwächter in Menschengestalt? Mir fällt die Parabel »Gerüchte« von Shu Ch'ang ein, wo Männer in Bärenhäute eingenäht werden und als Bären im Zirkus auftreten müssen, den Tierpflegern auf Gedeih und Verderb ausgeliefert. Der Zirkusdirektor selbst tritt nie in Erscheinung.[110]

Aus Ton

An einem Samstag Ende April war es nur ein Versuch, um während der Corona-Zeit eine Beschäftigung zu haben. Später wurden daraus etliche Samstagnachmittage in einem Bildhaueratelier bei Tamshui. Ich versuche mich in der Nachahmung von Ju Mings abstrakten Taiji-Figuren. Zu abstrakt vielleicht, zu vermessen? Die anderen kneten buddhistische Götterstatuen, Pferde, Gesichtsmasken. Es gibt keinen Kommentar zu meinen Versuchen, nur ein verhaltenes, skeptisches Schauen.

Der Ton braucht Stützstäbchen, Holzklötze. Die Figur hält sich dennoch nicht aufrecht, kippt; doch das lässt sich beheben, ausbessern, Ton ist ein gefügiges Material. Das Ergebnis aber, auch wenn es auf den ersten Blick dem Original ähnelt, ist ungenau. Und als der Ton trocknet, wirkt die Figur banal – vielleicht auch, weil der dunkelbraune Ton sich ins Helle flüchtet. Da hilft auch der erhobene Arm nicht gegen das durch das Moskitonetz hereinfallende Sonnenlicht in dieses dämmrige Atelier.

Trostfrauen

Von den koreanischen Trostfrauen habe ich gewusst, von philippinischen und chinesischen. Ich hätte es wissen können: Auch taiwanische Frauen waren während des Zweiten Weltkriegs Sexsklavinnen japanischer Soldaten.

Ihnen ist ein kleines Museum gewidmet, das ich erst in meinen letzten Tagen in Taipei zufällig entdecke; vielleicht war es zuvor geschlossen.

Sie wurden von Onkeln und Verwandten gelockt, die sie verschacherten an einen Mittelsmann, manche gingen falschen Versprechungen auf den Leim. Ich erschrecke über das immer selbe Muster bei solchartigem Menschenhandel.

In einem kurzen Film ist auch von zehn europäischen »Trostfrauen« die Rede, die Japaner nach der Eroberung des damals noch niederländischen Indonesiens aus dem Gefängnis holten und in ein Bordell steckten.

Fünfzig Jahre, von 1895 bis 1945, währte die japanische Kolonialherrschaft, gegen die sich die Taiwaner vergebens wehrten. Zunächst war die japanische Regierung an Taiwans Zuckerrohr und Reis interessiert und baute die Insel zur Modellkolonie aus. Später sollte die Insel als Kriegsbasis aufgerüstet und verpflichtet werden. 1935 begannen strenge Assimilierungskampagnen, chinesische Namen wichen japanischen. Taiwaner kämpften während des

Zweiten Weltkriegs in der japanischen Armee und für den japanischen Kaiser.

Die Taiwaner waren lange Zeit gespalten zwischen einerseits Bewunderung für die Effizienz der japanischen Administration und den ökonomischen Fortschritt und andererseits der starken Verbundenheit mit der chinesischen Kultur. Manch ein Opportunist nahm eilfertig einen japanischen Namen an in der Hoffnung, damit seine Karriere zu befördern, was Wu Zhuoli in *Orphan of Asia* facettenreich beschreibt. Immerhin bauten die Japaner Eisenbahnen, Straßen und Häfen, Krankenhäuser und Schulen. Die erfolgreichsten Schüler wurden nach Japan geschickt, was bis heute von Taiwanern, mit denen ich spreche, dankbar erzählt wird. In den vierziger Jahren sprachen achtzig Prozent der Bevölkerung Japanisch.[111]

Spreche ich mit Taiwanern, empfinde ich die Ablehnung gegenüber der Volksrepublik China stärker als gegenüber Japan, ganz anders als in Südkorea oder auch in China, wo die Abscheu vor Japanern bis heute in Filmen und Büchern wieder und wieder inszeniert, auch politisch instrumentalisiert wird.

Was sagen Zahlen und Fakten? Im Zweiten Weltkrieg wurden 270 000 junge Taiwaner als Soldaten rekrutiert, waren auch Arbeiter oder Krankenhelfer in der japanischen Armee, 30 000 starben für den japanischen Kaiser. Taiwan bekam auch die US-Vergeltungsschläge zu spüren; die Städte Jilong, Kaohsiung, Tainan, Pengdong und Taidong wurden bombardiert.

Und die Zahl der Trostfrauen? Eine taiwanische Soziologin spricht von knapp 2000 Taiwanerinnen – im Vergleich zu 50 000 bis 300 000 Koreanerinnen.[112] Sie berichtet, dass eine taiwanische Frau zwanzig Männer pro Tag »bedienen« musste, im Gegensatz zu beispielsweise den koreanischen Frauen, über die täglich dreißig Soldaten kamen.

Im Museum werden einige Frauen und ihr Schicksal vorgestellt:

Eine der Frauen träumte ihr Leben lang, sie sei in einer dunklen Höhle und höre Explosionen. Eine andere Frau »lebte« sieben Jahre lang in Guangdong und Burma.

Ich versuche den Schrecken in Zahlen zu fassen: 7 Jahre mal 356 Tage mal 20 Soldaten pro Tag.

In einem Film, der im Museum gezeigt wird, berichtet ein japanischer Soldat, wie die Frauen zwischen zwanzig und zweihundert Soldaten am Tag bedienen mussten, einfach nur dalagen und rauchten, pro Mann zehn bis fünfzehn Minuten, ein Kuss oder eine Umarmung war da nicht mehr drin, bedauert er.

Genugtuung oder auch Anerkennung dieses Leids in Form eines Denkmals gibt es nicht. Das könnte die guten Beziehungen zwischen Taiwan und Japan empfindlich stören, meinen selbst Aktivisten, die sich für die Anerkennung der Trostfrauen einsetzen – eine durchaus realistische Einschätzung, denn gegen die koreanische Frauengedenkstatue in Berlin-Lichtenberg erhob die japanische Botschaft in der deutschen Hauptstadt erbitterten Einspruch.[113]

Übersetzen

Vermutlich ist das Übersetzen eines Gedichts aus dem Chinesischen eine weitere Unmöglichkeit, an der ich mich abarbeite. Erneut eine, die sich nicht am Scheitern messen lässt.

Unabhängigkeit

Die Unabhängigkeit fährt an einem Sonntagnachmittag auf einem Fahrrad an mir vorüber. An einem anderen knattert sie auf gezackten Fahnen vor dem 101-Tower. Es sind ältere Frauen und Männer, die sie von einem Ort zum anderen bringen.

Unabhängigkeit für Taiwan, steht auf Stickers, Postern, Bannern, doch frage ich danach, winden sich die Befragten um eine Antwort. Wissen sie um das Verführerische des Begriffs, auch um die folgenschwere Umsetzung, wenn es dazu käme?

Die KMT habe sich abhängig gemacht von China, Taiwan sei aber ein eigenständiges Land, das schon, aber wenn man nicht ständig auf diesem Wort beharre, »hätten wir mehr Frieden und unsere Ruhe. Die DPP muss diesbezüglich klüger agieren«, sagt eine Managerin.

Taiwan könne gar nicht unabhängig sein, da es mit der globalen und auch Chinas Wirtschaft eng verflochten sei, sagen viele.

Jedenfalls dreht sich niemand nach den Frauen und Männern um, die tapfer die Banner in den Wind halten, wo die Unabhängigkeit flattert.

Untergrund

Mit dem Untergrund muss nicht der Boden darunter, es kann auch die Fläche dahinter gemeint sein. Wenn sie durchlöchert ist, lässt sie Einblicke zu. Wenn ich mich nicht mit dem ersten Blick begnüge, weil ich die Anordnung der Dinge zu deuten versuche, weil sie vielleicht gesellschaftliche Verhältnisse reflektiert, repräsentiert oder sich stattdessen jeder Zuordnung und Erklärung verweigert,

wenn ich wieder und wieder den Stadtplan von Taipei, den ich mir gleich in den ersten Tagen an die Wand pinne, betrachte, um diese Ordnung zu verstehen, die Einklammerung der Stadt durch die Flüsse, die Flüsse suche, die in den letzten Jahrzehnten zugeschüttet wurden, von denen mir die Drachenbootfahrer erzählen,

wenn ich Orte suche, widerspenstige Zeichen außerhalb einer Normalität, die angesichts der Bedrohung durch den Himmel und die Erde im allerweitesten Sinn gefährdet ist, Gegenorte, Utopien vielleicht,

wenn ich den Unter- und Hintergrund verstehe, verstehe ich vielleicht, denke ich.

In der Ausstellung »Perforated City« im Museum für zeitgenössische Kunst spricht der Kurator Huang Hai-ming von »durchlöcherten Oberflächen«. Bei seinen Recherchen zur Ausstellung, die sich ursprünglich auf die Architektur der Stadt konzentrieren sollte, entdeckte er stattdessen, was hinter und unter der Oberfläche der Stadt liegt. In den Ausstellungsräumen herrscht ein seltsames

Licht, es führt in Keller, Nischen, in Unterwelten, Wände brechen ein, Schichten des Verfalls werden freigelegt, ein Schleier aus Milch liegt über der Welt. Ein Neonschild mit einer Lotusblüte zeigt auf ein buddhistisches Zentrum in einer Arkade aus Beton. Selbst Betonmauern werden so durchlässig, können Alter, Behinderung, Einsamkeit, Krankheit nicht aussperren, Epidemien sickern durch die Wände, bis sie zerbröckeln.

Im zweiten Stock des Museums erzählen Stimmen von menschlichen Skeletten, die überall vergraben sind, selbst unter dem Haus liegen Leichen, Menschenknochen, Opfer von blutigen Kämpfen. Über dem Fußboden liegt eine rote Bambusmatte, der ganze Raum ist in ein diffuses, rotes Licht getaucht, die Stimmen kommen aus den Wänden. Sind es die Seelen der Toten? Geister können durch Wände gehen, irren durch die Welt. Der, der sie spürt, droht von ihnen in Beschlag genommen zu werden, weil er daran glaubt, wenn auch gegen seinen Willen.

Da ist sie wieder, diese doppelbödige Welt, in der die Unbeständigkeit das einzig Beständige ist.

Auch in der Kurzgeschichte »Die Straße« von Yeh Ying-tzu ist die Welt voller Löcher. Menschen stecken in Kanalöffnungen fest. Der Gang durch die Stadt ähnelt einem Slalomlauf, weil man den Eingesunkenen und Halbverschwundenen nicht auf den Kopf treten möchte, schon über die Hälfte der Bewohner ist so in den Untergrund abgetaucht. Doch »die Welt wird sich wie gewohnt weiterdrehen, auch wenn die gesamte Menschheit verschwinden sollte«.[114]

Vergleichen

Ein Vergleichen drängt sich nicht wie sonst auf. Alles ist anders, so noch nie gesehen. Unverständlich abgesehen von einer Handvoll Schriftzeichen und Namen westlicher Handelsketten, doch ein Zusammenhang stellt sich deswegen noch lange nicht ein. Ist es nicht ohnehin so, dass alles, was uns an etwas erinnert, vielleicht nur eine Täuschung ist?

Und nichts ist so, wie ich es mir gedacht habe, im ersten Moment denke. Jeder Gedanke führt mich in eine weitere Irre. Manchmal hängen die Assoziationen wie Fäden vor mir, ich schiebe sie zur Seite, sie verhaken sich. Manchmal staune ich und bin froh, das Staunen nicht verlernt zu haben.

Was verkauft der Mann an der Ecke, was bedeuten die bunten Papierstreifen hinter goldglitzernden Theken? Sind es Lotterielose? Worauf wird hier gewettet, auf Pferde wie in Hongkong, auf das Glück und Unglück der anderen? Und was ist schwarzer taiwanischer Pudding, den ein Straßenhändler verkauft? Das Foto, das neben dem Pudding liegt, zeigt die Rinde eines Baumes.

Auf der Straße sind weniger Menschen als ich es von anderen asiatischen Großstädten kenne. Kein lautes Lachen, kein Streit irgendwo, kein Rempeln und Drängen, nicht einmal in den U-Bahnen zu Stoßzeiten. Niemand wirkt gestresst. Jeder schaut auf sein Display – dafür gibt es einen Ausdruck, den ich später lerne, *dītŏu*, »Kopf senken«. Auf den Straßen, in den Geschäften keine

Verkäufer, die aufdringlich ihre Waren anbieten. Man wartet ab, durchaus lauernd, und wenn jemand einen Verkaufswillen zeigt, wird freundlich-aufdringlich beraten, was sich allerdings viele, die ich beobachte, im Gegensatz zu mir gern gefallen lassen. Das Leben geht seinen unauffälligen Gang, unaufgeregt, ein wenig gedämpft, erscheint es mir am Anfang.

Mir fällt ein, was mir vor der Abreise ein deutscher Verleger erzählt, dass sich die Melancholie in Taipei wie ein Schleier sanft über alles lege, wie er von einer eigenartigen Stimmung sprach, nach der man süchtig werde.

Kurt Drawert schreibt in *Reisen im Rückwärtsgang*, wie er eine fast schon sadomasochistische Lust aus der Differenz gewinne, also dem, was fehle im Vergleich zum Gewohnten, was man zurückgelassen habe, was man mit Kraft und fast schon blindwütiger Wut hinter sich lassen und eben darum reisen wolle und doch immer diese Schleifspur hinter sich herziehe, weil die Gegenwart nie an die Vergangenheit oder das, was man verlassen habe, herankomme – eine Art negative Befriedigung also im Rückwärtsgang, weil etwas fehlt.[115]

Ich weiß noch nicht, was ich in der kommenden Gegenwart vermissen werde, die Zukunft wendet sich rückwärts, eine vorweggenommene Sehnsucht nach dem, was fehlen wird.

Meine Mitbewohnerinnen lachen mich irgendwann mal aus: »Du jammerst, dass dir der Tofu fehlen wird, dieser ganz spezielle seidenweiche, zarte Tofu, der auf der Zunge zergeht – dabei bist du noch zwei Monate hier!«

Verkehr

»Habe ich das richtig gesehen, darf man auf der Stadtautobahn, die über den Blumenmarkt führt, jetzt nur noch mit mindestens drei Personen im Auto fahren?«, lese ich in der Facebook-Gruppe »Deutsche in Taiwan«.

Als ich nachfrage, erfahre ich, dass vor allem an Feiertagen der Freeway Richtung Süden nur für den Autofahrer plus zwei weitere, manchmal auch drei oder vier weitere Personen freigegeben ist, dass dies aber selten kontrolliert werde.

Weil ich das kaum glauben kann, frage ich eine Freundin. Ja, um den Verkehrsfluss aufzulockern, sei dies eine durchaus sinnvolle Maßnahme, schreibt sie zurück.

»Und was ist, wenn man allein oder zu zweit unterwegs ist?«

»Dann kann man ja die Nebenstraßen nehmen.«

Vogel

Er steht da und schaut hinüber zur Insel im Da'an-Park, wo in den Bäumen Seidenreiher sitzen, die Hälse lang gestreckt, andere geduckt zwischen Ästen, immer wieder fliegen welche kurz auf, um sich ein, zwei Bäume weiter wieder auf einem Ast niederzulassen. So ist die ganze Insel, scheint es, in ständiger Bewegung. Und der Nachtreiher schaut grau wie ein alter Mann vom Ufer gegenüber aus zu, den Kopf eingezogen, eine lange weiße Linie federt über seinem Rücken. Als er startet, zieht er einen weiten Bogen dicht über dem Wasser, meidet die Insel.

Ist es der Gedankenvogel des Lyrikers Cheng Chiung-ming, der ohne Gegenwind und wie im Traum in den Himmel aus grauem Tuch gleitet? »Wer käme schon darauf, dass ich kein gewöhnlicher Vogel bin?«[116]

Ein Vogel, so steht es beim Essayisten und Sinologen Eliot Weinberger, sei die Metapher für das ideale Gedicht, vereine Wind und Knochen, Gefühle und Ideen, aber, zitiert er den Schriftsteller und Gelehrten Liu Xie vor 1600 Jahren, mit dürren Ideen und fetten Worten könne man nicht abheben.[117]

Wahrsager

Die erste Wahrsagerin sehe ich unter der Hochbahn von Shilin. Fast wäre ich an ihr vorübergegangen, als ich aus den Augenwinkeln ein Schild erkenne mit einer Hand darauf und Linien, keine Meridiane, keine Ärztin also, sondern Lebenslinien. Sie trägt ein rosafarbenes Jackett, sitzt auf einem Klappstuhl, vor sich eine Glaskugel und erklärt einer Frau anhand von gelben und roten Formularen ihr Leben oder ihre Zukunft. Sie fragt nach, als wolle sie auf Nummer sicher gehen, die andere starrt bloß auf die Blätter, nickt ein wenig zu dem, was sie hört, dann schieben sie die Blätter beiseite und sprechen lange miteinander. Worüber?

Einmal zeigt mir die Autorin Chen Yu-hui Tarothütten, die sich in der Nähe des Linsenparks an eine Hauswand drücken. Es ist Nacht, und ich erkenne nichts, würde die Straße nicht wiederfinden.

Einmal will ich eine Fahrbahn unterqueren, finde eine schmale Treppe, viel schmaler als sonstige Treppen, die in den Untergrund Taipeis führen, und gerate in die Straße der Wahrsager, die auf den ersten Blick mit dem Neonlicht und den gekachelten Wänden wirkt wie eine gewöhnliche Fußgängerunterführung.

Ich bin die Einzige hier, kann mich also nicht hinter Menschenrücken verstecken, gehe daher rascher, falle aber trotzdem auf und als Ausländerin erst recht, was aber niemanden zu stören oder zu interessieren scheint. Nicht einmal als potenzielle Kundin bin ich interessant, denn als ein Wahrsager mich sieht, versenkt er seinen

Blick sofort wieder in sein Handy-Display. Ein anderer liest Zeitung, blickt nicht einmal auf, als ich meinen Schritt verlangsame, weil ich in sein hageres Gesicht sehen möchte. In der Kabine daneben steht auf einem geknickten Papierschild, es werde Japanisch gesprochen. Glaskugeln, Kerzen, Karten, nichts von alledem. Vielleicht verraten die Schriftzeichen, die ich nicht entziffern kann, womit und wie die Zukunft gedeutet wird? Auffällig ist die unterschiedliche Ausstattung dieser Kabuffs, mal klebt nur eine Holztapete auf einer dünnen Wand, mal stehen Altäre voll mit goldblitzenden Gottheiten. Kaum größer als ein Quadratmeter sind diese Kabinen der Zukunft.

Den Termin bei einem Wahrsager, der ihr empfohlen wurde und wochenlang ausgebucht war, hat F., die Tänzerin, für mich vereinbart. Sie selbst hatte sich für eines ihrer Projekte mit dem Wahrsagen anhand von Schriftzeichen auseinandergesetzt. Sie wollte, dass Zuschauer sich Zeichen aussuchten, die auf ihr Leben zuträfen.

Ein gewagtes Spiel, fand ich.

»Ist doch bloß eine Perfomance«, sagte sie. Sie kam auf die Idee, weil sich beim letzten Wahlkampf im Januar 2020 etliche männliche Politiker auf einen Gott beriefen, der ihnen aufgetragen habe, sich politisch zu engagieren – eine Farce, über die sie sich lustig machen wollte. Politikerinnen hatten solch göttliche Unterstützung offenbar nicht nötig.

Weil es in Taiwan an allen Ecken und Enden geistert, wir selbst im Unterricht aufgefordert wurden, einen Vortrag über Übernatürliches zu halten, und uns beiden Europäern im Vergleich zur bösen Magie, zu Geisterpuppen und gruseligen Rachegöttern unserer asiatischen Kommilitonen nur wenig einfiel, war die Neugier irgendwann größer als meine Vorbehalte.

Der Wahrsager, ein 76-jähriger schmaler Mann mit Brille in einem kantigen Gesicht und kurzen weißen Haaren, hätte auch in einem Büro arbeiten können – Zukunftsbeamter nannte ich ihn deshalb für mich. Hinter ihm stehen drei Götter auf einem halbhohen Schrank, in der Mitte die Himmelsgöttin Mazu, davor eine Schale mit I-Ging-Hexagrammen. Das einstimmende Geplänkel ist kurz, der Hinweis auf das Honorar dezent. Mit drei Handvoll Reis, die ich aus einer kleinen Schale nehme, fängt es an. Das Pinseln mit schwarzem Stift in einem kleinen Buch, in das er meine Geburtsdaten einträgt, nimmt kein Ende.

Dann fängt er an. Mein Geld solle ich stets im Nordwesten aufbewahren, dort sei es sicher. Erstaunt erinnerte ich mich, dass vor ein paar Jahren Einbrecher mein Geld nicht gefunden hatten, das ich tatsächlich in der nordwestlichen Ecke meines Zimmers versteckt hatte. Und dort im Nordwesten solle ich auch mein Arbeitszimmer einrichten, das werde mich weit bringen.

Ich könne nicht sehen, welche Menschen mir guttäten, und solle mich nicht beirren lassen von Mitmenschen, die mich abbringen wollen von dem, was ich will. – Allgemeinplätze, denke ich.

Ich müsse auf Allergien achtgeben. Dabei hatte ich doch bislang gar keine, wundere ich mich. Nächstes Jahr werde ein langsames Unglück seinen Lauf nehmen, zwischen 58 und 60 hätte ich eine schwere Krankheit, würde ich die überleben, könne ich 78 bis 83 Jahre alt werden. Das wiederholt er wieder und wieder.

Der Frage, wie es mit meinem Schreiben weitergehe, weicht er aus, meint, das Unterrichten sei eine stabile Grundlage, ich solle mich darauf konzentrieren und meinen eigenen Weg nicht aus den Augen lassen.

Als F. meinen ratlosen Blick sieht, fasst sie seine Aussagen zusammen: Als Frau über vierzig zieme es sich, zurückhaltend aufzutreten, nicht aus der Norm zu fallen und sich unauffällig zu kleiden, eben möglichst beige – stimmt, das hatte er gesagt – und silberfarben. Reisen, kreative Tätigkeiten und Selbstverwirklichung versprächen nur flüchtige Befriedigung. Hingegen seien materielle Stabilität und Sicherheit anzustreben; das seien nun mal wichtige Werte in den ostasiatischen Gesellschaften.

Ein paar Tage später höre ich mir die Aufnahme nochmals an. Die Prophezeiung vom sich neigenden Glück und schweren Unglück in den kommenden Jahren ist mir nicht geheuer. Es will mir auch nicht gelingen, diesen Besuch beim Wahrsager als eine Erfahrung unter anderen abzutun.

Aus einem Spaß wurde ein bisschen Ernst, diese düstere Wahrsagerei hängt noch lange in mir.

Ein Jahr später höre ich jemanden sagen, dass Orakel immer recht hätten. Der Satz fährt ein wie ein Pfahl.

Wanhua

Wie Rattenfänger stehen Männer an bestimmten Plätzen im Park und rufen. Was rufen sie? Und warum scharen sich innerhalb weniger Minuten viele andere Männer um sie? Einer streicht Klopapier auf seinem Oberschenkel glatt, andere verkaufen gelbe Papierstreifen mit Nummern. Sind es Lose?

Ein Mann führt stolz an einer roten Leine sein Schwein mit einem Glücksbringer am Halsband spazieren.

An Straßenecken stehen Frauen mit verknitterten Gesichtern, Eine beobachte ich, wie sie immer wieder Passanten anspricht, nachdem sie ihnen zuvor prüfend in die Augen gesehen hat, bis einer nach vielem zögerlichen Hin und Hergehen den Mund auftut, sie das Handy zückt und er ihr im Abstand von fünfzig Metern folgt, in eine schmale Straße hinein, beide ein grünes Gebäude betreten.

In anderen Gassen rund um den Longshan-Tempel werden Kräuter gegen diverse Krankheiten zusammengestellt; die Rezepte dafür kann man sich im Tempel geben lassen.

An einem Abend im März, es wird schon dunkel, sehe ich, wie Menschen ihre Kartons ausbreiten, auf denen sie die Nacht verbringen werden. Auffallend viele Frauen sind gekommen; sie sieht man tagsüber seltener unter den Obdachlosen. In diversen Berichten über dieses Viertel und die Obdachlosigkeit in Taipei lese ich, dass Frauen die Straße mehr fürchten wegen möglicher Überfälle als Männer. Andererseits fallen sie in den Supermärken, wo es sicherer ist als anderswo, weniger auf, werden dort eher geduldet als Männer.

»Wo sollen die Frauen denn sonst hin? Stell dir vor, die Fünfzigjährigen, keine Kinder, keine Verwandten, oder keine, die sich um sie kümmern wollen. Dann geht man halt in den Park und sitzt mit den anderen Frauen zusammen. Und weil der Zusammenhalt auch einen gewissen Schutz bietet, wird daraus manchmal auch mehr, eine Beziehung«, erklärt mir ein Mann später, der lange als Obdachloser gelebt hat und irgendwann wieder die Kurve kriegte. Freunde stellen ihn mir in einer Kneipe vor.

»Ist es also die Einsamkeit, die Frauen auf die Straße treibt?«, frage ich.

»Ja, Einsamkeit.« Er nickt. Sein Gesicht wirkt geschwollen, die Augen darin groß, als drückte etwas von innen dagegen. Er spricht leise und leckt sich dabei immer wieder über die Lippen. Er redet viel, wiederholt sich. Ich verstehe nicht alles.

Glück und Unglück, Heil und Unheil scheinen in Wanhua besonders nahe beieinander zu liegen. Ist das der Grund, weshalb ich auf der Suche nach Antworten auf meine vielen Fragen immer wieder hierher komme? Man nimmt mich zwar wahr, schirmt sich aber ab; Männer um ein Schachspiel zum Beispiel stehen Rücken an Rücken, dass nicht einmal ein Blick auf die Spieler oder den Spielstand möglich ist. Man schaut mich an, sieht aber durch mich hindurch.

Die Stimmung ist friedlich. Ich höre kein Gezeter, kein Geschrei, sehe keinen Alkohol, keine Betrunkenen. Die Menschen sitzen da und warten mit einem leeren Blick, der nichts erwartet, nur noch die vergehende Zeit, die Nacht, den nächsten Tag vielleicht.

In abgedunkelten Läden mit Spielautomaten starren Männer mit grauen Gesichtern auf Bildschirme, neben sich einen Tee im Tetrapack, eine Nudelsuppe. Hinter einem Mann schließt sich die Tür, man hört gerade noch das Klappern der Majiang-Spielsteine.

In einer Seitengasse zeigt sich die Armut noch deutlicher. Außenseiter der Gesellschaft verkaufen ausrangierte Gegenstände, abgegriffene Gebetsketten zum Beispiel, eine Schale mit einem Sprung; sie warten und betrachten ihre Besitztümer, als würden sie selbst nicht daran glauben, dass jemand ausgerechnet diese Sachen noch kaufen will, die getragenen Jacken, ausgetretenen Schuhe, lädierten Holzstatuen. Wieder andere lungern herum, die Hände in den Hosentaschen. Vom Schicksal zusammengewürfelte Menschen und letzte Habseligkeiten, ausgebreitet wie ein halbes Leben.

Weißer Terror

Son of Formosa ist ein über neunzigjähriger Mann. Um sein Leben geht es in der gleichnamigen Graphic Novel. Bei der Buchvorstellung im Jing Mei White Terror Memorial Park erzählt Tsai Kun-lin seine Geschichte, als wäre nichts dabei, als hätte er seine Verhaftung in den fünfziger Jahren, seine Jahre in diversen Gefängnislagern an Leib und Seele unbeschadet überlebt. Keinerlei Hass scheint er Chiang Kai-sheks Schergen gegenüber zu empfinden. Nur Unverständnis.

Zu Beginn, so erzählt er, sei er von der Idee keineswegs überzeugt gewesen, dass man eine Geschichte über ihn schreiben wolle. Schließlich sei sein Leben wenig glorreich, seien nicht andere Leben und andere Geschichten wichtiger, fragt er ins Publikum hinein.

Aber, wirft die Autorin Yu Pei-yun ein, die neben ihm auf der Bühne sitzt, zusammen mit dem Illustrator Chou Chien-hsin, es sei notwendig, diese Geschichte zu erzählen, die verschiedenen Sprachen, die auf Taiwan gesprochen wurden und werden, abzubilden, den abstrakten Zahlen 2-28, dem Aufstand vom 2. Februar 1948, Leben einzuhauchen. Yu Pei-yun, die an der Universität Taidong den Studiengang für Kinder- und Jugendliteratur leitet, betont, wie wichtig es sei, die eigene Geschichte zu kennen, um Fehler aus der Vergangenheit zu vermeiden, und die Geschichte und ihre Verwerfungen vor allem Kindern und Jugendlichen zugänglich zu machen.

Diese Haltung ist in Asien relativ ungewöhnlich, wo vielerorts die Geschichte besser und lieber für einen Neuanfang hinter sich gelassen wird, auch wenn die Geister der Vergangenheit immer wieder stören. Das ist in Taiwan anders, wo der »Weiße Terror« gewissenhaft aufgearbeitet wird. Zwischen 3000 und 4000 Menschen wurden während der Militärdiktatur hingerichtet, oft noch am Tag der Urteilsverkündung. 140 000 wurden verurteilt, 9000 zu lebenslänglicher Haftstrafe, viele verschwanden und werden bis heute vermisst. Immer wieder wird Chiang Kai-shek mit dem Satz zitiert: »Besser aus Versehen 1000 Nichtkommunisten töten als nur einen einzigen durch das Netz schlüpfen zu lassen.«[118]

Tsai Kun-lin war zwischen 1950 und 1960 auf Lüdao interniert, der berüchtigten Gefängnisinsel. Als er entlassen wurde, haben sich seine Kinder über ihn lustig gemacht, was für ein Dummkopf er sei. Da habe er seinem Sohn alles erzählt, vom Misstrauen gegenüber den neuen Herrschern vom Festland, denen Humanismus und Idealismus ebenso verdächtig waren wie Kommunismus; von der Zeit, als einem Gedichte und Lieder bis zu fünfzehn Jahren Gefängnisstrafe einbringen konnten. Er erzählt von seiner Gefangenschaft, seinen Versuchen, nach der Entlassung als Lehrer eine Anstellung zu finden, was das Erziehungsministerium stets vereitelte.

»Chiang Kai-shek und seine Männer haben alles unterdrückt, was mit Menschenliebe zu tun hat. Ich will über diesen Hass sprechen, den sie verbreitet haben, diesen mir unverständlichen Hass, und ich will, dass so etwas nicht wieder passiert.«

In dem auf vier Bände angelegten Comic wird viel gesungen. Die Lieder kehren als Motiv wieder. Das fällt auf, danach wird er gefragt.

Tsai Kun-lin erzählt, wie seltsam es ihn berührte, als er 2008 bei der Eröffnung der Olympischen Spiele in Peking Kinder ein Lied singen hörte, für das in Taiwan während des Weißen Terrors Menschen verhaftet und umgebracht worden waren.

Eine Frau aus dem Publikum, die ihn kennt, erzählt, wie Tsai Kun-lin von einem Mitgefangenen, der mit der Kuomintang nach Taiwan gekommen war, gebeten wurde, mit ihm zusammen ein Lied zu singen, das ihm seine Mutter beigebracht hatte, bevor sie ihn hinrichteten. Die Lieder, auch diejenigen, die Gefangene für Todeskandidaten sangen, hätten eine entscheidende Rolle für das Überleben in den Gefängnissen gespielt, berichtet Tsai Kun-lin in einem Film über Menschenrechte in Taiwan.[119]

Da wird Tsai Kun-lin gebeten, doch ein Lied zu singen. Er steht auf, singt drei Strophen eines japanischen Kinderlieds, singt hoch und mit brüchiger Stimme, im Saal wird es ganz still.

Viele Notizen habe ich mir an dem Abend gemacht. Um nicht hineinzufallen in dieses Leid, das dieser Mann mit so viel Verständnis und Nachsicht ausbreitet, als seien Verständnis und Nachsicht möglich.

Wetter

Über das Wetter wollte ich genauso wenig schreiben wie über das Essen, aber es überrascht mich immer wieder aufs Neue. Dazu trägt vielleicht auch die App des Central Weather Bueros bei, die in einer irritierenden Beständigkeit und Präzision Warnungen samt entsprechender Vorsichtsmaßnahmen einblendet und Sicherheiten vorgaukelt, wo es keine Sicherheiten geben kann. Man erfährt, ob man heute Wäsche zum Trocknen aufhängen soll, ob Wäsche, die man heute aufhängt, auch trocknet, wie man sich kleiden soll, nämlich zum Beispiel nicht kurzärmlig – sondern am besten die langen Handschuhe überstreifen, die ich mir für das feuchtkalte Wetter gekauft hatte, dass man keinesfalls das Haus verlassen soll, weil es zu heiß wird. Das gilt auch für die Bauern, die Fabrikarbeiter und die Kleinhändler, rot umrandet. Nur wie die dann zur Arbeit und damit zu ihrem Lohn kommen sollen, weiß die Wetter-App nicht. Alle paar Tage leuchtet eine Wetterwarnung rot auf, weil es zu heiß, zu neblig, zu windig werden soll und starke Regenfälle drohen. Und neben dem Wetter wird auch das Erdbeben gemeldet. Keine Woche, ohne dass die Erde bebt, und selbst Stärke 5 auf der Richterskala lassen die Taiwaner kalt, mich weniger, auch wenn das Zentrum des Erdbebens viele Kilometer tief in der Erde oder im Sockel der Insel lokalisiert wurde.

Im April jedenfalls war es zu kalt, zu nass, und das viel zu lange.

Der Mai ist unentschieden mit viel Regen und einer Regenzeit, die einigen zu kurz erscheint, andere meinen, sie komme dieses Jahr zu spät, es regne zu wenig. Dabei muffeln meine Kleider seit Wochen vor sich hin, weil sie, einmal nass geworden, nicht mehr trocknen. Und selbst an Tagen, an denen nur ein bewölkter Himmel angesagt ist, kann ein plötzlicher Sturzregen einen in Nullkommanichts bis auf die Haut durchnässen, dass man anschließend im klimagekühlten Café fröstelt.

Der Sonnenstrahl wärmt nicht etwa nach ein paar feuchtkühlen Tagen, sondern brennt. Vor ihm muss man sich sogleich in den Schatten flüchten, und den gibt es beim Warten auf das grüne Fußgängerampelmännchen mit angewinkelten Armen nur hinter einer dünnen Straßenlaterne oder unter dem Vordach eines 7-Eleven, wohin sich bereits andere geflüchtet haben. Da nehme ich lieber einen Sprint über die vielbefahrene Straße in Kauf als das Warten in der Sonne. Selbst am frühen Morgen könnte ein angenehm warmes Lüftchen wehen, doch nein, in den Drachenbooten rinnt nicht nur vom Paddelschlag der Schweiß.

Nein, das ist nicht die Beschreibung eines Tages, der sich entladen will, wie eine Schriftstellerkollegin meint, der ich von dem Wetter hier schreibe. Der Sinologe Helmut Martin hat einst moniert, dass dieses dampfende subtropische Klima die Lebensgeister abstumpfe, und sich gewundert, dass niemand darüber schreibe, dass man bei so einem Wetter nicht denken und deshalb auch nicht schreiben könne.

Noch nach Monaten weiß ich die Wolken nicht zu deuten, wenn sie von Nordosten heranwehen, über die Bergrücken streichen, den Fluss entlang ziehen, immer dunkler werden, sich zusammenballen. Der Wind treibt Musikfetzen vor sich her. Ich rechne stundenlang mit Regen, der nicht fällt.

An einem hellklaren Tag sehe ich Frauen, die in der Nähe des Bahnhofs einen Stand aufstellen, um Regenschirme für umgerechnet etwa drei Euro das Stück zu verkaufen. Der Himmel ist blau, es ist heiß – was wissen sie, was ich nicht weiß? Nur wenige Stunden später blitzt und donnert es, dass ich zusammenzucke.

Es ist also zu kalt oder zu heiß, zu trocken oder zu feucht. Wetter gibt es nur in Extremform. Ein tagelanger Sturzregen rührt von einem Taifun, der die Insel aber bloß streift.

Vielleicht agieren deshalb die Menschen hier so gleichmütig, weil es anders nicht auszuhalten ist.

Xiaoyoukang

Plötzlich rieche ich ihn, bleibe stehen, so übel ist der Geruch. Aber deswegen bin ich hierhergekommen.

Ich sehe nichts oder fast nichts, nur den Wegweiser, den aber erst, als er einen halben Meter vor mir auftaucht, so dicht ist der Nebel.

Ich folge dem Geruch, höre Stimmen, erkenne mehr. Nebelschwaden fegen über eine Mulde, geben den Blick frei auf einen kleinen Tümpel, darin köchelt es. Der Berg steckt in Wolken, eingehüllt in Nebel, rauchender Schwefeldampf zieht an den Flanken hoch, es ist kaum zu unterscheiden. Ich gehe einige Schritte die Balustrade entlang, lese die Schilder. Außer dem blubbernden Wasser und den Schwaden ist heute nichts zu sehen. Ein leichter Regen fällt, mit den Tropfen streicht eine eisige Kälte mir über den Nacken. Mit dem Bus fahre ich wieder zurück ins Tal.

Den zweiten Besuch plane ich besser. Früh morgens immer der Blick zum fernen Bergrücken. Wochen später, als der Himmel blau und wolkenlos ist, breche ich abermals auf. Xiaoyoukang, kleine Ölgrube, liegt etwa eine Busstunde entfernt von Jiantan, wo ich wohne. Da begreife ich, wie nahe der Vulkan ist. Taiwan liegt auf zwei Vulkanbögen, das weiß ich, jetzt sehe ich es.

Ich stehe wieder über dem kleinen Becken. Dieses Mal ist die Luft heiß, die Felsen schimmern rotgrünlich, erodiert von Schwefeldämpfen. Ich nehme den Weg hinauf zum Gipfel des Qixingshan, Siebensternberg, aus Spalten und Felswänden dringen stoßweise bleichgelber Dampf, manchmal luftige Fäden oder ganze Wolken, die der Berg oben ausspuckt.

Der chinesische Beamte Yu Yonghe bereiste Ende des 17. Jahrhunderts die Insel auf der Suche nach Schwefel und Eisenerzen und beschreibt, wie die kochenden Berge die Götter grüßen. Der ganze Berg habe gedonnert – vor Zorn? Die Erde schüttelte sich. Er berichtet von Wellengeräuschen wie in einem kochenden Topf, von Flammen, die aus Höhlen züngeln.[120] Mir fallen Märchen ein, in denen Männer verwunschen tief in ihren Höhlen hocken und darauf warten, dass ihnen einer in die Falle gehe und die Zeit verdrehe.

Mit jedem Schritt, den ich gehe, kommen mir die Felsspalten immer mehr wie Schlitze vor, aus denen die Wut dampfend emporkocht, auch Trauer, wenn sich eine bleichgelbe Dampfsträhne durch einen Spalt nach oben windet. Der ganze Berg ist in verhaltenem Aufruhr. Voller Ingrimm und Zorn auf die Menschen, denke ich, die Kahlschlag am Berg und anderswo verüben, die Steinwege anlegen, hart ins Schilfgras geschnitten, nur Augen für ihre Belange haben, nicht aber für den Adler, der über Vulkangeröll und Schwefeldampf seine Kreise zieht.

Weit gleitet mein Blick über die langgestreckten weichen Bergrücken, für einen Moment sehe ich eine nie gekannte Stille, bis sich immer mehr Ausflügler auf dem kleinen Gipfel drängen und ich den Weg wieder absteige.

Wenige Wochen später entdecken Seismologen dort einen aktiven, unterirdischen Strom, zwei Kilometer lang und fünfhundert Meter breit, und eine Magmakammer, so groß wie ein Viertel der Stadtfläche Taipeis. Bebte die Erde wieder einmal oder bräche der Vulkan aus, könnte er Beitou unter sich begraben und selbst die Schildkröteninsel im Nordosten Taiwans wäre davon betroffen.

Daraufhin richtet das zentrale Wetterbüro Taiwans ein Vulkanfrühwarnsystem ein, und einige Distrikte beziehen Evakuierungen im Falle eines Vulkanausbruchs in ihre Notfallszenarien mit ein.[121]

Neben Erdbeben, Dürren, Taifunen und Überschwemmungen nun noch eine weitere existenzielle Bedrohung, denke ich erschrocken beim Lesen dieser Nachricht.

Yip Man

Die Suche nach den Nachkommen eines Übersetzers, der einst während des Ersten Weltkriegs für die chinesischen Arbeiter an der Westfront arbeitete, und die Suche nach einem schauspielernden Kampfkünstler geraten durcheinander. Schließlich ist es nur einem Zufall zu verdanken, dass ich hier bei Lo Man-kam, dem Neffen des berühmten Kampfkünstlers Yip Man sitze. Dass er im Westen weniger bekannt ist als Bruce Lee, lag an seinen mangelnden Englischkenntnissen, stellt der 87-jährige Lo Man-kam nüchtern und ohne Bedauern fest.

Mit Serena, die Lo Man-kam ausfindig gemacht hat, sitze ich an einem großen runden Holztisch inmitten seiner Trophäen. Die Wände sind voller Fotos, Wimpel und Auszeichnungen. Halbvolle Teetassen, die nicht zueinander passen, stehen vor uns. Seinen Thermobecher rührt er während des Gesprächs kein einziges Mal an. Sein Brillenetui liegt daneben, die Brille davor, doch er braucht sie nicht.

Auch sein Handy liegt vor ihm, es blinkt und vibriert ständig. Bei jeder Erklärung wackelt der Tisch. Serena macht Fotos.

Lo Man-kam erzählt routiniert, als täte er es nicht zum ersten Mal, hört kaum auf die Fragen, erzählt und erzählt. Nicht immer kann ich seinen Sprüngen folgen, seinem Chinesisch mit einem starken Akzent. Er beginnt bei seiner Mutter, die Älteste einer Großfamilie mit neun Töchtern und zehn Söhnen; sie und Yip Man hatten denselben leiblichen Vater. Von 1950 bis 1960 hatte Lo Man-kam bei Yip Man, der in der Kleinstadt Foshan die reine Form des Wing-Chun erlernt hatte, Unterricht in der südchinesischen Kampfkunst. »All die Formen und Tiere und Schlangen und Tiger zu lernen ist sinnlos; das sind nur äußere Erscheinungen. Man muss das Wesen des Wing-Chun begreifen, die Reinform lernen, auch wenn das nicht schön aussieht.« In den Filmen werde Kungfu zur Show, da gehe es nur um Unterhaltung, ein großes Missverständnis. Im Westen mache man ohnehin viel zu viel Aufheben um Kungfu, dabei sei es ganz einfach.

Nach der Schule studierte Lo Man-kam Elektrotechnik, später unterrichtete er an einer Militärakademie und machte dort Karriere. Trainiert wurde der Angriff auf die Volksrepublik China. Irgendwann wurde ihm der ewige Angriff zu langweilig; immer mehr Leute wollten ihm dreinreden, da kündigte er, um frei zu sein und die Kampfkunst wirklich weitergeben zu können.

Oft werde Wing-Chun als Angriffskunst missverstanden, betont er. Es sei aber gerade nicht für »Leute, die auf Kampf und Streit aus sind«, geeignet. Viel eher solle der eigene Kampfwille aufgegeben und stattdessen vollkommene Konzentration geübt werden, Stabilität, innere Ruhe. Darin erfolgreich sei nur, wer sich ständig selbst reflektiere, korrigiere. Zudem müsse man sich an die Umgebung anpassen, aufmerksam sein, damit man schnell reagieren könne. Kungfu sei Ausdruck der chinesischen Kultur, der Sprache, habe aber auch mit Physik, Biologie, Mathematik und Militärstrategie zu tun und sei Bestandteil der chinesischen Medizin, erklärt er uns.

Später folgen wir Lo Man-kam über eine schmale Treppe auf die Dachterrasse. Da steht er spindeldürr mit karierten Boxershorts, die ihm um die Oberschenkel schlottern, inmitten seiner Schülerinnen und Schüler, manche um die dreißig Jahre, manche im Rentenalter.

Ich muss daran denken, was mir jemand vor dem Besuch gesagt hat: »Wäre er nicht der Neffe von Yip Man, wäre er nur einer von vielen Kungfu-Lehrern, ein alter Mann.« Oder ist das, was ich hier sehe, ein Abgesang auf eine vergangene Welt? Die meisten kämen wegen des Rangs und Rufs von Lo Man-kam her, meint Serena. »Auf seinen Fotos ist immer nur er abgebildet, niemand sonst, keiner hilft ihm, das Wissen zu verbreiten, dabei ist er schon 87 Jahre alt.«

In der chinesischen Sprache bedeutete *gōngfu* Kunstfertigkeit. Langsam und Schritt für Schritt eigne man sich etwas an, bis ein gewisses Niveau erreicht ist. Lo Man-kam hatte, bevor wir hier hoch stiegen, einen bestickten Fächer aus einer Vitrine geholt. »Wenn jemand Blumen stickt, einen Stich neben den anderen setzt, sich vollkommen auf seine Arbeit konzentriert, ist das auch *gōngfu*.«

2-28

Bis zuletzt warte ich damit, die Wege von damals abzugehen, die der Demonstrationszug am 28. Februar 1947 genommen hat. Die Karte habe ich im Taipei Memorial Museum ganz zu Beginn meines Aufenthalts im Februar 2020 abfotografiert.

Der 2-28-Park ist wie das Zentrum meines Kreisens auf der Suche nach Dechiffrierung. Immer neue Fragen haben sich im Laufe der letzten Wochen und Monate angesammelt.

Am Gedenktag des Aufstands warte ich vor dem Tor und beobachte, wer herauskommt. Hinein geht es heute nur per Einladung. Kurze Zeit später stellt sich eine ältere Frau in einer roten Hose und rosafarbenem Pullover, mit strähnig-grauem Haar vor den Haupteingang und singt die Nationalhymne der Volksrepublik China. Ich zucke zusammen, erschrecke, habe Angst um die Frau, setze mich auf eine kleine Mauer, schaue mich um. Nur ein junger Mann horcht auf und filmt die Szene, lacht dazu. Die anderen drehen sich noch nicht einmal nach der Frau um, die singt und singt. Entweder wissen die Leute nicht, was sie singt, kennen das Lied nicht, oder es ist ihnen gleichgültig.

Nicht auszudenken, wenn jemand auf dem Platz des Himmlischen Friedens in Peking die taiwanische Nationalhymne sänge, sage ich später zu meiner Lehrerin.

»In Taiwan gilt Rede- und Meinungsfreiheit. Was also hätte der Frau passieren sollen?«, fragt sie zurück.

Die Stimmung, das Gedenken hängen schwer in der Luft, als ich den Park betrete, nachdem die Politiker ihn verlassen haben.

Trotz der salbungsvollen Reden, der Friedensglocken, der Sträuße weißer Lilien scheint noch längst nicht alles gelöst zu sein. Die Vergangenheit ist durch die Chiang-Kai-shek-Gedenkhalle, durch Straßennamen und Statuen weiterhin allgegenwärtig. Wo zuvor japanische Helden verehrt worden waren, hatten die neuen Herrscher ihre Statuen aufgestellt.[122]

2002 begann man jedoch unter der neuen DPP-Ägide die Statuen von Chiang Kai-shek und dessen Sohn Chiang Ching-kuo zu entfernen, die wenigen, die noch stehen, werden an Tagen wie dem heutigen umgestoßen, beschädigt, besprayt. Viele Statuen wurden eingeschmolzen, Museen abgerissen. Im September 2021 entschied die Kommission für Vergangenheitsaufarbeitung, das Chiang Kai-shek Memorial umzubauen und auch die dortige Statue zu entfernen – ein Sakrileg für KMT-Anhänger.[123]

So einfach wird man die Geister der Geschichte nicht los. Die Sinologin Sarah Leimer berichtet, dass die einstige Bürgermeisterin Kaohsiungs und DPP-Politikerin Chen Chu 2007 einen Schlaganfall erlitt. Die Stadtbewohnerinnen schrieben den Vorfall dem Abriss einer der größten Chiang-Kai-shek-Statuen Taiwans im selben Jahr zu – durch ihre Statuen wirkten gewichtige Persönlichkeiten noch über den Tod hinaus, so der Volksglaube. Doch soll man sie einfach stehen lassen und Chiang Kai-shek weiterhin ehren? Kann man ihm das trotz seiner brutalen Herrschaft zugestehen? In der Sun-Yat-sen-Universität in Kaohsiung hat man eine seiner Statuen deshalb in einer Holzkiste im Keller eingemottet.[124]

Ich mache mich also auf den Weg. Was passiert, wenn ich diesen Gang antrete zurück in die Vergangenheit, als Menschen ihre Rechte einforderten und Unrecht beklagten? Wenn ich auf Spurensuche in der Gegenwart die Orte abtaste, das Geschehen nochmals benenne, um es der Namenlosigkeit, dem zerklüfteten Vergessen zu entreißen? Diese Fragen stelle ich mir, als ich am Rand einer mehrspurigen Straße stehe. Wie zogen die Demonstranten weiter?

Glücklicherweise lässt sich die Karte aus dem Museum mit Google Maps abgleichen. Ich gehe an einer Grundschule vorbei mit einer altehrwürdigen Inschrift. Hatten die Menschen damals Augen dafür? Nach einem Jugendsportpalast biege ich in die wohl touristischste Straße Taipeis ein. Wie waren die Geräusche, die Gerüche damals? Ich drehe mich um die eigene Achse, schaue die Straße, den Häuserfassaden entlang, versuche mir vorzustellen, wie am Abend des 27. Februars 1947 Angestellte des Zollbüros einer vierzigjährigen Witwe geschmuggelte Zigaretten und das Geld aus dem Verkauf wegnahmen, wie sie auf die Frau einschlugen, wie sie zeterte, woher sie den Mut nahm, sich gegen die Uniformierten zu wehren, wie groß ihre Wut und ihre Not sein mussten. Menschen hörten die Schreie, eilten herbei, waren wütend und schimpften über die Schergen der neuen Herrscher. Einer der Zollbeamten schoss in die Menge, ein Taiwaner wurde getötet. Dann versammelten sich die Menschen an der Stelle des heutigen Peace-Memorial-Parks und riefen zur offenen Revolte auf, erklärten die KMT-Regierung zum Feind. Junge Männer, die beim japanischen Militär gewesen waren, zogen wieder ihre alten japanischen Uniformen an und griffen jeden Festländer brutal an. »Ein unglaublicher Furor fegte über die Insel.«[125]

Dabei waren die chinesischen Militärs vom Festland nach der Kapitulation des japanischen Kaiserreichs von manchen durchaus freudig begrüßt worden. Allerdings hegten die Menschen auch vielerlei Illusionen, wovon Stephan Thome in seinem Roman *Pflaumenregen* erzählt. Der Großvater in diesem Familienroman bleibt während der japanischem Kolonialzeit den chinesischen Traditionen eng verbunden. Er ist Mitglied des Komitees, das die heldenhafte chinesische Armee empfangen soll. Doch es »war, als strömte eine Horde von Landstreichern aus dem Schiff. In Strohsandalen oder barfuß ignorierten sie das Empfangskomitee und hatten binnen zwei Minuten sämtliche Tische leergeräumt.«[126]

Der chinesische Generalgouverneur Chen Yi, verantwortlich für die Inselpolitik, hatte nichts anderes im Sinn, als Taiwan auszupressen und die Gewinne nach China bringen. Gegen das harsche Regime, Unterdrückung und Misswirtschaft widersetzte sich die taiwanische Bevölkerung, doch sie konnte nur wenig gegen die explodierende Inflation, Nahrungsmittelknappheit, Massenentlassungen ausrichten. Vor allem in den Behörden wurden Taiwaner durch Festlandchinesen ersetzt. 36 000 Taiwaner verloren ihre Stelle, weshalb man angesichts der damaligen Gesamtbevölkerungszahl von geschätzt fünf Millionen von Massenentlassung sprechen kann. Die wenigen, die im Amt verbleiben durften, erhielten einen geringeren Lohn. In ihren Augen hatten die Neuen aber keine Kompetenz, legten zumal ein despotisches Gebaren an den Tag. Krankheiten waren zudem wieder virulent, etwa die Pest, die zuvor unter der japanischen Herrschaft verschwunden war. »Einige sagten, die Hunde [die Japaner] seien gegangen, aber die Schweine [die Festländer] gekommen.«[127]

Die Taiwaner waren der Ruchlosigkeit vagabundierender Banden ausgeliefert, die mit den Truppen aus Shanghai gekommen waren und bald in blutiger Konkurrenz zu den einheimischen Banden standen, Schutzgelder erpressten, das Geschäft mit der Prostitution und den Heroinhandel übernahmen. Die Nationalarmee bestand aus wenig mehr als einem Haufen ungebildeter Banditen, etliche der älteren Offiziere waren ehemalige Warlords in China. Schließlich gelangte Generalissimo Chiang Kai-shek selbst mit Hilfe der Triaden von Shanghai an die Macht; er hatte mit ihrer Hilfe 1927 zahlreiche Kommunisten getötet und die Partei damit vorerst um jeden politischen Einfluss gebracht.[128] Auch nach seinem Tod behielten diese kriminellen Banden die Oberhand. Selbst im Ausland agieren sie im Namen der KMT; in den USA ermordeten 1984 Mitglieder der Bamboo Union den regierungskritischen Schriftsteller Henry Liu. Und auch hinter dem Mord an Familienmitgliedern des oppositionellen Politikers Lin Yi-hsiung 1980 wurden Triaden vermutet.

Die Wirren der Jahre nach dem Massaker 1947 beschreibt der taiwanische Filmregisseur Hou Hsiao-hsian in *Stadt der Traurigkeit* mit Bildern, die zwar still sind, aber zeigen, wie tief die Verwundungen sind, die diesem Volk nach fünfzig Jahren japanischer Kolonialisierung und vierzig Jahren Militärdiktatur zugefügt worden sind; wie wirr die Zeiten damals waren, wie jeder in den Strudel der Geschichte mitgerissen werden konnte – »selbst taubstumme Menschen verhaften sie«, empört sich ein Vater. Oft und selbst in wichtigen Szenen werden in diesem Film Fußböden geputzt, auf Knien um Füße herumgewischt, Blut aufgenommen. Das Putzen scheint kein Ende zu nehmen.

Die Militärregierung beseitigte geradezu systematisch die intellektuelle Elite. Manager, Ärzte, Rechtsanwälte, Journalisten, Künstler, Schriftsteller wurden erschossen, in Gefängnisse gesperrt oder zur Flucht gezwungen.[129] Diese Atmosphäre, die erdrückende Hoffnungslosigkeit beschreibt die Taiwanerin Shawna Yang Ryan in ihrem Roman *Green Island.*

Diejenigen der Protestierenden, die den Aufstand vom 28. Februar 1947 überlebt hatten, waren in den fünfziger und sechziger Jahren zum Schweigen verurteilt, wollten sie ihre Familien nicht gefährden. Sämtliche Führungspositionen wurden mit Festländern besetzt. Chinesische Sprache und Kultur sollte aus den japanischen Vasallen wieder echte Chinesen machen. Japanisch wurde verboten. Gerade mal zwei von hundert Intellektuellen konnten überhaupt chinesische Schriftzeichen lesen. Schüler und Studenten, die ertappt wurden, wenn sie einen der einheimischen Dialekte sprachen, wurden geschlagen.[130] Taiwan wurde von der KMT rekolonialisiert, als handle es sich um eine Miniatur Chinas. Von der Niederschlagung an trennte eine klare Linie die *wàishěngrén* von den Taiwanern.[131] Die japanischen Kolonialherren waren zwar abgeschüttelt, aber die Zukunft zweifelhaft. Wie lebte es sich mit diesen Gefühlen, mit Wut und Frustration? Edward Yang hat seinen Film *A bright summer day* dieser Frage gewidmet; die Stimmung ist düster, die Raufhändel zwischen den Straßenbanden sind erbittert.

Der obere Teil der Dihua-Straße, in die ich abgebogen bin, ist in den letzten Jahren renoviert worden, Menschen stehen Schlange vor Eisgeschäften und auch vor dem Museum 207, in dem die Straßenbeleuchtung zweier Jahrhunderte dokumentiert wird. Dort zeigt eine Angestellte einer Besucherin, wie man mit einer Schreibmaschine schreibt. Ich verlasse den Touristenstrom, biege links in die Minshenglu, vorbei an Kisten mit getrockneten Penissen – von welchem Tier? –, Tee, über allem der bittere Geruch chinesischer Medizin. Plötzlich fährt eine leere Rikscha an mir vorüber und wirkt auf mich wie ein aus der Zeit gefallenes Gefährt.

Am Morgen des 28. Februars 1947 riefen die Arbeiter zum Streik auf, Studenten verließen ihre Hörsäle, Läden wurden geschlossen, die Demonstranten zogen zum Sitz des Gouverneurs, forderten die Bestrafung der Mörder, waren außer sich vor Wut. Die Soldaten schossen in die Menge, es gab noch mehr Tote. Nun waren die Taiwaner nicht mehr zu halten, drangen in Redaktionen und Radiostationen ein, die über den Vorfall in Taipei berichteten. Die ganze Insel war in Aufruhr. Noch am selben Abend ließ Gouverneur Chen Yi das Kriegsrecht ausrufen. Hätte irgendjemand von den Demonstranten gedacht, dass dieser Ausnahmezustand bis ins Jahr 1987 die Insel eisern im Griff halten sollte?

Während in Städten und Dörfern Komitees über Plänen für die Zukunft saßen und diskutierten und rauchten, wie ich es mir vorstelle, sich berauschten an der Idee von mehr Rechten und Selbstbestimmung für Taiwan, spielte Chen Yi auf Zeit, erhielt vom Nochpräsidenten Chinas, Chiang Kai-shek, Truppen aus der chinesischen Provinz Fujian, die am 7. März landeten und jeden ausfindig machten, der sich zuvor Ideen für ein neues Taiwan ausgedacht, vielleicht zu Papier gebracht, veröffentlicht hatte. Aus dem Generalgouverneur Chen Yi wurde ein Räuber und Schlächter. Das Karma Chen Yis wandte sich jedoch später gegen ihn. Er wurde von Chiang Kai-shek aufs Festland nach Zhejiang zurückbeordert. Dort wollte er mit den Kommunisten einen Geheimvertrag aushandeln, was aber aufflog. 1950 wurde er wegen Verrats hingerichtet, ausgerechnet in Machangding, wo er Jahre zuvor viele andere exekutieren ließ.

Im Hafen von Jilong trieben die Leichen. Die Mutter im Roman *Green Island* von Shawna Yang Ryan hält den Verwesungsgeruch kaum aus, als sie, mit einem Stock in der Hand, zusammen mit einem Fischer die aufgedunsenen Leiber auf der Suche nach ihrem Mann umdreht. »Hier ist er jedenfalls nicht«, sagt er zu der völlig verzweifelten Frau, die zehn Jahre warten wird, bis ihr Mann eines Tages wie aus dem Nichts wieder auftaucht, gebrochen an Seele und Geist.[132]

Die Namen der Vermissten aus jener Zeit sind auf einer Wand außerhalb des Taipei 228 Memorial Museums aufgelistet. Die Gräueltaten dieses Regimes werden seit der Öffnung beziehungsweise Demokratisierung Taiwans Schicht für Schicht freigelegt.

Mein Gang durch die Stadt entlang übellauniger Duftmarken der Vergangenheit, mit den Archivbildern im Kopf, ist ein Gang durch die Geschichte. Die Gegenwart holt mich ein, als ich in die Yanpingbeilu einbiege, wo ein junger Mann zum Rap Kokosnüsse köpft und ein anderer einer Ananas den Schopf abschneidet, mit Lust und Hüftschwung. Je näher ich dem Hauptbahnhof komme, desto weniger deckt sich die 2-28-Karte mit dem, was ich sehe. Die Straßenführung hat sich vollständig geändert, Hauptbahnhof, Busbahnhof und neue Straßen zerschneiden das Zentrum von damals. Das heutige Eisenbahnmuseum lag also vor den Toren der Walled City. Die Stadtmauern hatten die Qing errichtet, später wurden sie von den Japanern eingerissen, die Platz machen wollten für eine moderne Stadt mit funktionierender Infrastruktur. Heute stehen von der alten Stadtmauer nur noch die Stadttore, einsame Relikte inmitten tosenden Verkehrs. In der Futai Street Mansion, einem ehemaligen japanischen Handelshaus, mache ich einen Schritt in diese Vergangenheit; ich lese und staune über die Frauen und ihre Kleider, die Häuser, die Pläne, was man vorhatte mit dieser Stadt, wie auch die Japaner Straßen umbenannten.

Ich gehe an Tischen vorüber, auf denen Opfergaben für den Erdgott angerichtet sind, an einem Mann, der mit einem Werbeschild an einer Kreuzung steht, auf dem Appartements samt Telefonnummer angeboten werden. Er sieht erschöpft aus, hat sein Tuch um die Stange mit dem Schild gebunden und hält sich daran fest. Die Stange selbst steht in einem leeren Eimer, vermutlich weil der Verkäufer sie so leichter halten kann, er sitzt auf Augenhöhe der Auspuffe, die an ihm vorüberfahren.

Wieder quere ich den 2-28-Park. Wieder entdecke ich etwas Neues, wundersame Pflanzennamen wie die Junischneeblume. »Schnee im Juni«, denke ich vor mich hin, wäre ein schöner Titel für einen Text, den es nicht gibt. Die Friedensstatuen kenne ich schon, die Friedensglocke und ganz hinten den Steinpfad. Schon oft gesehen, nie gegangen. Dieses Mal streife ich meine Schuhe ab, weil ich mich unbeobachtet fühle, komme jedoch nur wenige Schritte weit, obwohl die Steine keineswegs spitz sind. Eine Frau überholt mich in Strümpfen, geht einfach über diesen Steinpfad. Ich halte inne, schaue ihr zu, klage über meine Schmerzen, woraufhin sie meint, man dürfe nicht so sehr auf den Schmerz achten, dann gehe es besser.

Ich gehe weiter in die Mittagshitze hinein, als komme durch die Sohlen ein Bewusstsein für die Geschehnisse von damals, gehe Stationen ab wie an Ostern den Kreuzweg, denke an Werner Herzogs *Gehen im Eis* – in 22 Tagen von München nach Paris, weil er besessen ist von dem Gedanken, wenn er zu Fuß ans Krankenbett der Filmkritikerin Lotte Eisner gelangte, werde sie gesund.[133]

Quäle mich wie zur Strafe in dieser Asphalthitze zwischen vierspurigen Straßen, Baustellen, passiere das Südtor, umspült vom Straßenverkehr. Die Gegenwart erstickt die Vergangenheit, da spricht nichts, klingt nichts an, aber darum geht es mir nicht. Ich will Bilder freilegen, die schon längst unter dem Asphalt verschwunden sind, Asphaltethnologie betreiben, sie als Ausgangspunkt für einen Text verwenden.

Ein vermessenes Unterfangen. Ich suche etwas, das ich nicht finde, schleppe mich in der Hitze einer Illusion hinterher.

Die Schriftstellerin Chu T'ien-hsin trauert um das alte Taipei, um Bäume, die breiten Boulevards weichen mussten, spricht vom tiefen Schmerz, weil alte Gebäude abgerissen und neue an deren Stelle errichtet werden. Woran, so fragt sie, werden sich zukünftige Generationen erinnern, an einen McDonald's, der ein paar Straßen weitergezogen ist, an Gerüche, die weltweit dieselben sind? Warum sollte jemand eine Stadt, die keinen Wert darauflegt, die Spuren der Menschen von einst zu bewahren, wertschätzen und sich damit identifizieren?[134]

Vor der Nationalbibliothek gehe ich langsamer, sehe hinüber zum Chiang Kai-shek Memorial, zur Wachablösung und den Kindern, die mit Luftgewehren die Soldaten imitieren. Da kommt ein Mann auf mich zu, bittet mich, auf sein Handy aufzupassen. Ein Verrückter? Ein flüchtiger Blick nur zum Osttor hinüber. Vor dem Gericht sitzen Menschen auf dem Boden, protestieren gegen ein Gesetz. Ich bin zu müde, um die Banner zu fotografieren, damit ich später erfahren könnte, was für ein Gesetz es ist, trage weiter die Schuld – welche Schuld? – zu Fuß ab, Schritt für Schritt, werfe einen letzten Blick hinüber zu einem kleinen Platz vor einem Wolkenkratzer, auf dem Jungen in blauen Trainingsanzügen Übungen machen, bevor mich der Untergrund Taipeis schluckt.

Zeit

Nur noch wenige Wochen bleiben mir, unvorstellbar, zumal ich immer häufiger meine, gerade erst angekommen zu sein.

Und langsam etwas zu begreifen.

Erst jetzt fällt mir auf: Mein ganzes Umfeld spricht ausschließlich Chinesisch. Warum fällt mir das erst jetzt auf?

Noch weist nichts auf ein Ende hin, denn das Gefühl, gerade erst eingetroffen zu sein, jetzt beginnen zu können, dominiert alles andere. Es wird mir unmöglich sein, die Zeit, die Restzeit, die vor mir liegt und noch übrig ist, die mir geschenkt wurde, von wem auch immer – stets fällt mir dieses »geschenkt« ein –, in allen Verästelungen zu erkunden, um nicht später darüber zu erschrecken, dass ich die Zeit unnütz habe verstreichen lassen.

Zeichen

Wie viele Striche bringe ich auf einem Quadratzentimeter so unter, dass man das Zeichen noch lesen kann? Keine mathematische Frage. Vor mir liegt ein Heft für Grundschüler, sechs Spalten von rechts nach links, elf Kästchen von oben nach unten. »Wie viele Striche hat ›Abhängigkeit‹?«, fragt meine taiwanische Mitbewohnerin. »Wie viele hast du morgen schon wieder vergessen?« Das Zeichen hängt an der Wand. So wie die anderen, die mir wieder und wieder entfallen. Nach anderthalb Monaten werfe ich sie allesamt weg, es sind zu viele.

Bisweilen staune ich dennoch, dass ich mir nach anfänglichem Unvermögen die Hälfte aller Wörter nach dem dritten Mal einigermaßen merken kann. Auch wenn dies noch lange nichts über die Nachhaltigkeit dieses Merkens aussagt.

Ich erfülle mir einen Wunsch, den einige Sinologen hegen, die nach dem Studium nichts mehr mit China zu tun haben – arbeitsmarktbedingt, denn Sinologen braucht man höchstens in der Wirtschaft. Will es noch einmal wissen. Ich bin nach Taiwan gegangen, wo es noch mehr zu pinseln gibt, denn hier – wie auch beispielsweise in Hongkong – werden Langzeichen verwendet, anders als in der Volksrepublik China, wo in den fünfziger Jahren per Sprachreform die Kurzzeichen als Standard eingeführt wurden. Es fehle den Chinesen an Gefühl, meinen Taiwaner. Als Beispiel nennen sie das Zeichen für »Liebe« 愛. Ihm kam durch die Reform tatsächlich das Radikal für Herz abhanden.

Schön sei sie, diese Zeichensprache, und so bedeutungsvoll, schwärmen viele. Mich hat dieser Aspekt nie sehr berührt. Nur beim Lernen der Schriftzeichen helfen mir die Radikale, die »Wurzelzeichen«, die den Kerngehalt eines Zeichens ausmachen, manchmal als Eselsbrücken für Geschichten. Bei dem Zeichen *huài*, schlecht, 壞, das ich viele Male vergebens versuche mir zu merken, funktioniert sie so: Ein Bauer geht über ein Feld, das überschwemmt ist: schlecht für den Bauern. Aber warum ist die Kunst, *yì*, 藝, unter einem Grasdach? Die bittere Pille? Das Davonschweben der Früchte dieser Arbeit auf einer Wolke? Selbst wenn ich mir ein Zeichen merken kann, habe ich es noch lange nicht verstanden.

»Zu fein sind die Unterschiede«, rufe ich einmal mitten im Unterricht frustriert aus.

»Deshalb ist es so schwer, Chinesisch zu unterrichten«, sagt die Dozentin. »Man muss die Zeichen so oft wiederholen, bis ein Gefühl dafür entsteht.«

Sprachen zu lernen, die Codes anderer Kulturen versuchen zu verstehen, bedeutet gleichsam, in andere Räume hineinzuwachsen, schreibt der Wetterforscher Hans-Jürgen von der Wense in seinen Wetterbüchern. Die Meteorologie vergleicht er mit dem Chinesischen und lernt es wie nebenbei. »Die Codes selbst haben schon ihre eigene Geheimsprachen-Schönheit, fremde Zeichenwelten, Sprachbilder, Bildzeichen. Zudem hat die meteorologische Zeichensprache den Vorteil, Vielfältiges auf kleinem Raum zusammenzudrängen und damit den Rausch der Gegenwärtigkeit zu zeitigen, simultan und synoptisch.«[135] Mir scheint das Faszinierende und Rauschhafte der chinesischen Zeichenwelt selten so treffend beschrieben worden zu sein.

Zeichen über Zeichen, nur vereinzelt zu deuten, gleiten vorüber, stülpen sich übereinander wie Mauern. Die bleiben, egal, wie unermüdlich ich versuche, mir einen Zugang zu dieser Zeichenwelt zu verschaffen.

Und dann erwache ich aus einem Tagtraum: Was ist, wenn ich es plötzlich verlernt hätte, das Sprechen, das Lesen ohnehin, keine Silbe mehr hervorbrächte in chinesischer Sprache? Ein kleines ungläubiges Entsetzen ob dieser Art von Sprachlosigkeit.

Weil mein Telefon zwar viele Sprachen, auch seltene kann, aber kein Chinesisch, kaufe ich ein neues und tippe stolz in das *Xiaomi*, »kleiner Reis«, die ersten Textnachrichten. Schnell vertippe ich mich, weil ich bei der Größe der Zeichen nicht immer sehe, ob auch wirklich alle Radikale vollständig und die richtigen sind. Umständlich bleibt das Schreiben chinesischer Zeichen dennoch – für Menschen aus dem chinesischen Kulturkreis ist das Suchen und Anklicken aus einer Reihe von Vorschlägen, die aufklappen, sobald man die Lautschrift des Zeichens eingibt, reine Gewohnheit. Dass darüber das aktive Schreiben von Zeichen vernachlässigt wird, monieren die Lehrer. Auch ich überlasse mich lieber den Vorschlägen des Programms, als mühsam in meiner unzuverlässigen Erinnerung nach der richtigen Reihenfolge der Striche zu suchen.

Es ist ein Auf und Ab, ein Abmühen, eine Routine, dabei stets genau sein, denn fehlt ein Strich, ein Punkt nur, gerät das Bedeutungsfeld in Schieflage – das passiert nur schon, wenn ich durch die Straßen gehe, die Zeichen entziffere und mir doch keinen Reim darauf machen kann.

Das stumpfsinnige und stundenlande Abschreiben von Schriftzeichen erinnert mich an mein Studium, an diesen fast schon masochistischen Lernprozess. An den Sinologieprofessor Helmut Martin, der sagte, Chinesisch schreiben lernen sei *pá gézi*, die Schriftzeichenkästchen fürchten und sich darüber abquälen. Die Fragwürdigkeit meines Tuns damals wie heute kommt mir in die Quere beim Auswendiglernen, das Sinnieren über die gänzliche Zweckfreiheit. Gleichzeitig gelingt es mir so, dass sich das Gedankenkarussell entschleunigt, ich mit dem Schreiben den Geist, das rastlose Denken diszipliniere.

Im Sprachkurs kein Tag ohne Diktat, Referat, Prüfung. Nach Konfuzius riecht das Bildungssystem noch heute. Nur der lernt, der auch geprüft wird. Als ich sage, dass mir die Prüfungen egal seien, sehe ich kurz eine Irritation im Gesicht der Lehrerin. Als ich einmal hörbar aufstöhnen will, weil neben einer anstehenden Prüfung und einem Referat noch zusätzlich Hausaufgaben gemacht werden sollen, kann ich mich gerade noch rechtzeitig zurückhalten, weil ich merke, dass meine ostasiatischen Kommilitonen damit keinerlei Problem haben. Der Thailänder zwei Reihen vor mir sehr wohl. Die Diktate fürchtet er ebenso wie ich.

Chinesisch lernen ist die ständige Konfrontation mit dem eigenen Ungenügen. Das gilt auch für andere Bereiche der chinesischen Kultur wie Kalligrafie, Drachenbootfahren, Taiji, Qigong. Die Kunst besteht vermutlich darin, an diesem Unvermögen nicht zu verzweifeln. Die Herausforderung des ewigen Lernens annehmen. Immer wieder scheitern. Warum ist dieses Zeichen schöner als das andere, das von der Kalligrafielehrerin gelobt wird? Warum wird die Beugung meiner Hand bei einer Qigong-Übung kritisiert, ich halte sie doch richtig? Warum genügen mein Bücken und Strecken und mein Paddelschlag noch immer nicht beim Drachenboottraining? Die westliche Seele ist schnell gekränkt, verfällt darüber in Schwermut. Aber führt womöglich gerade dies zur einzigartigen unverkrampften Demut dem Leben gegenüber?

Anhang

Anmerkungen

Zur Umschrift der chinesischen Wörter und Namen wurde das Hanyu Pinyin verwendet, das zur Romanisierung chinesischer Schriftzeichen seit 2008/2009 in Taiwan offiziell gültig ist. Größere Städte, Persönlichkeiten der Politik und Geschichte sowie international bekannte Bezeichnungen wie Kuomintang (KMT) werden in der etablierten Schreibweise wiedergegeben. Bei Personennamen von taiwanischen Autoren und Autorinnen wurde deren Eigenschreibung übernommen.

Internetseiten und -dokumentationen werden aufgeführt, soweit sie bei Abschluss des Manuskripts (31. Januar 2022) zugänglich waren.

1 Freda Fiala, »NEU TAIPEI an PLUS VIER DREI«, 1. April 2020, www.youtube.com/watch?v=GXKrdmk7wr8.

2 Marion Poschmann, *Laubwerk*, Berlin: Verbrecher, 2021, S. 18.

3 Lee Chiao, auch Li Qiao, »Flucht in die Berge«, in: Thilo Diefenbach (Hg.), *Kriegsrecht*, München: Iudicium, 2017, S. 109–140.

4 Vgl. Nick Aspinwall, »Taiwan's Silent Forest Wars«, in: *The Diplomat*, 18. Juli 2018, https://thediplomat.com/2018/07/taiwans-silent-forest-wars/. Über den Souvenirhandel mit illegalem Holz Nick Aspinwall, »Contraband for Sale. How Poachers Supply Sanyi's Thriving Wood Art Market«, in: *The New Lens*, 3. Februar 2018, https://international.thenewslens.com/article/89080.

5 Vgl. ders., »Taiwan's Silent Forest Wars«.

6 Ders., »Contraband for Sale«.

7 Taiwan Old Men Motorcyle: https://www.youtube.com/watch?v=fOd68XbzLZ8.

8 Brian Hioe und Wen Liu im Gespräch, »Taiwan?«, mit New Bloom, *Time to say goodbye*, 16. November 2021, https://goodbye.substack.com/p/taiwan-with-new-bloom-brian-hioe.

9 In einem Interview spricht der Oppositionspolitiker Freddy Lim von 70 Prozent. Sonja Blaschke und Gordana Mijuk, »Peking zensuriert dein Leben«, in: *Neue Zürcher Zeitung*, 31. Oktober 2020, https://nzzas.nzz.ch/international/freddy-lim-peking-zensuriert-dein-leben-ld.1584633?reduced=true. In den Umfragen schwanken die Zahlen indes enorm.

10 Defense World Net, »Taiwan Grounds 36 Bell OH-58D Helicopters Following Fatal Crash during Anti-China Drill«, 17. Juli 2020, www.defenseworld.net/news/27442/Taiwan_Grounds_36_Bell_OH_58D_Helicopters_Following_Fatal_Crash_during_Anti_China_Drill.

11 Vgl. Klaus Bardenhagen, »Nur ein Auftrag. Taiwans Streitkräfte sollen das Land vor Nachbar China schützen«, www.js-magazin.de/sites/default/files/Heftarchiv/2021/JS-2021-07_Gesamt.pdf, in: *JS. Die evangelische Zeitung für junge Soldaten*, Juli 2021, S. 14–16. Paul Huang, »Taiwan's Military Has Flashy American Weapons but No Ammo. A young soldier's suicide reveals the disastrous logistics of an undersupplied army«, 20. August 2020 https://foreignpolicy.com/2020/08/20/taiwan-military-flashy-american-weapons-no-ammo/.

12 Brian Hioe, »No, Taiwan Is Not Going to Be Invaded by China Tomorrow«, 29. März 2021, https://newbloommag.net/2021/03/29/china-invasion-possibility/.

13 Martine Bulard, »Kommt eine pazifische Nato?«, *Le Monde diplomatique*, 10. Juni 2021, https://monde-diplomatique.de/artikel/!5769766.

14 Yang Xifang, »Mit Nerd-Community gegen die Lügen aus China«, *Die Zeit*, 30. Oktober 2020, www.zeit.de/politik/ausland/2020-10/taiwan-china-desinformation-kampagne-propaganda/komplettansicht.

15 Lee Hsing-fang und Kayleigh Madjar, »No more Chinese gadgets for government source«, *Taipei Times*, 9. August 2021.

16 Jürgen Kremb, »Chinas täglicher Zermürbungskrieg gegen Taiwan«, 25. Dezember 2020, www.juergenkremb.com/chinas-taeglicher-zermuerbungskrieg-gegen-taiwan/.

17 »Taiwan beugt sich nicht dem Druck Chinas«, *Deutsche Welle*, 19. Dezember 2021, www.dw.com/de/taiwan-beugt-sich-nicht-dem-druck-chinas/a-59460826.

18 Chu T'ien-hsin, *The Old Capital*, New York: Columbia University Press, 2007, S. 167.

19 Su Ming-yen, *Flow*, 2018, www.tidf.org.tw/en/films/91221.

20 Vgl. 陳虹瑾, 【噩夢初醒1, (Erwachen aus dem Alptraum), in: *Mirror Media*, 28. April 2020, www.mirrormedia.mg/story/20200427pol002/.

21 Luo Fu, *Death in a Stone Cell*, aus dem Chinesischen von John Balcom, Massachusetts: Zephyr, 2006.

22 Keoni Everington: »Taiwan mask-ordering website now live«, in: *Taiwan News*, 12. März 2020, www.taiwannews.com.tw/en/news/3895463.

23 Klaus Bardenhagen, »Wie ein ganzes Land Corona keine Chance gibt – und wieso ich mich gern 14 Tage eingesperrt habe«, 23. Februar 2021, https://rheinneckarblog.de/23/wie-ein-ganzes-land-corona-keine-chance-gibt-und-wieso-ich-mich-gern-14-tage-eingesperrt-habe/159845.html.

24 Evgeny Morozov, »Machtspiele mit Mikrochips«, *Le Monde Diplomatique*, August 2021, S. 1, 8, https://monde-diplomatique.de/artikel/!5790492.

25 Brian Hioe, »Discriminatory Policies target migrant workers in wake of Mialo clusters«, 6. September 2021, https://newbloommag.net/2021/06/09/miaoli-migrant-worker-restrictions/.

26 Lee Chun-yi, Associate Professor an der Universität Nottingham UK, »Roundtable Panel. COVID 19 and the WHO. China's and Taiwan's role in international organisations and the multilateral order«, Universität Zürich, Institute of Asian and Oriental Studies in cooperation with the Institute of European and American Studies (IEAS), Academia Sinica, Taiwan, 29. Mai 2021.

27 Chien-Chih Lin, »Taiwan's Constitutional Court, Adultery and the Renaissance of Judicial Activism«, 8. Juni 2020, https://constitutionnet.org/news/taiwans-constitutional-court-adultery-and-renaissance-judicial-activism; Noah Buchan, »Why does Taiwan still criminalize adultery?«, in: *Taipei Times*, 21. März 2020, www.taipeitimes.com/News/feat/archives/2020/03/31/2003733700.

28 Hans Stockton und Yeh Yao-yuan, *Taiwan. Development of an Asian Tiger*, London: Lynne Publisher, 2020, S. 108.

29 Aurel Croissant, »Taiwans Demokratie im internationalen Vergleich«, in: Deutsch-Chinesische Gesellschaft (Hg.), *Taiwan in Bewegung*, Berlin: Deutsch-Chinesische Gesellschaft e. V., 2014, S. 32–39, hier S. 33.

30 Cheng Chiung-ming, *Gedanken in Weiß*, aus dem Chinesischen von Thilo Dieffenbach, München: Iudicium, 2019, S. 54.

31 Michael Cole, »Civic activism and protests in Taiwan. Why size doesn't always matter«, in: Dafydd Fell, *Taiwan's Social Movements under Ma Ying-jeou*, London, New York: Routledge, 2017, S. 18–33, hier S. 29.

32 Vgl. Simona Grano, *Environmental Governance in Taiwan. A New generation of activists and stakeholders*, London, New York: Routledge, 2015, S. 3.

33 Mit wie viel Kreativität die Sonnenblumen-Aktivisten vorgingen, zeigt auch diese Plattform: https://daybreak.newbloommag.net/.

34 Vgl. Grano, S. 55 f. Grano beschreibt an einer anderen Stelle, wie sogenannte Sicherheitsfirmen mit Schildern künstliche Staus erzeugen, um den Ausbau einer Straße als notwendig erscheinen zu lassen.

35 Fjodor Dostojewski, *Strafe und Verbrechen*, aus dem Russischen von Svetlana Gaier, Frankfurt am Main: S. Fischer, 2021, S. 739.

36 François Jullien, »Die Pandemie kann uns Zugang zum wirklichen Leben verschaffen«, 16. April 2020. www.matthes-seitz-berlin.de/artikel/die-pandemie-kann-uns-zugang-zum-wirklichen-leben-verschaffen..html?lid=1.

37 Franka Lu, »Das neue Selbstbewusstsein Taiwans«, in: *Die Zeit*, 12. März 2021, www.zeit.de/kultur/2020-12/china-taiwan-streit-annektion-unabhaengigkeit/

seite-3. Eine Videoaufnahme von einem Konzert: www.youtube.com/watch?v=sk_UjRJ4QeQ.

38 Martine Bulard, »Kommt eine pazifische Nato?«, *Le Monde diplomatique*, Juni 2021, S. 1–7.

39 Vgl. Matthias Sander, »Sollte China wirklich die Chip-Hochburg Taiwan angreifen, drohte auch der Weltwirtschaft eine Katastrophe«, in: *Neue Zürcher Zeitung*, 18. November 2021.

40 Vgl. Alice Grünfelder, *Wird unser Mut langen? Ziviler Ungehorsam für den Frieden*, Zürich: Edition Weite Felder, 2019.

41 Im Gespräch mit Michael Berry, »From Wild Fire to the Big Sea. In Conversation with Lung Ying-tai«, 16. Oktober 2021, www.youtube.com/watch?v=c1Yc5WCqw_w.

42 www.fredafiala.net.

43 Helen Davidson, »Taiwanese military mass wedding to feature its first same-sex couples«, in: *The Guardian*, 28. Oktober 2020, www.theguardian.com/world/2020/oct/28/taiwanese-military-mass-wedding-to-feature-its-first-same-sex-couples.

44 Chung Li-hua und Jonathan Chi, »Confirmed military sexual harassment cases rise 52 percent to 41 incidents«, in: *Taipei Times*, 16. Mai 2021, www.taipeitimes.com/News/taiwan/archives/2021/05/16/2003757494.

45 Li Ang, »Wo ist der Feminismus geblieben?«, ohne Datum, www.goethe.de/ins/tw/de/kul/dos/fem/21247333.html.

46 Vgl. Adam Dudding, »New Zealand's long-lost Taiwanese cuzzies«, 15. März 2015, www.stuff.co.nz/travel/destinations/asia/67390585/new-zealands-long-lost-taiwanese-cuzzies; Li Xiaobing, *History of Taiwan*, Santa Barbara: Greenwood, 2019, S. 24.

47 Für einen genaueren Überblick www.taiwan.gov.tw/content_2.php.

48 Li Xiaobing, *The History of Taiwan*, Santa Barbara: Greenwood, 2019, S. 9.

49 Ebenda, S. 101.

50 Vgl. Fu-Lai Tony Yu and Diana S. Kwan, *Social Construction of National Reality. Taiwan, Tibet and Hongkong*, London: Lexington Books 2020, S. 62.

51 Vgl. Chris Chang, »What you should know about being Indigenous in Taiwan«, in: *Taiwan News*, 22. Oktober 2020, www.taiwannews.com.tw/en/news/4017174.

52 Tsai Ing-wen begnadigte den Jäger wenige Tage nach dem Gerichtsurteil, das ihn zu dreieinhalb Jahren Haft verurteilt hatte. Vgl. Brian Hioe, 21. Mai 2021, https://newbloommag.net/2021/05/21/tama-talum-pardon/.

53 Vgl. Carina Rother, »Wenn Du nicht jagst, bist Du kein Mann. Taiwans Indigene kämpfen für ihre Kultur«, Deutschlandfunk Kultur, 20. Juni 2021, www.deutschlandfunkkultur.de/taiwans-indigene-kaempfen-fuer-ihre-kultur-wenn-du-nicht.1076.de.html?dram:article_id=498874&fbclid=IwAR0mvH2S-VR5aOkVctzc0mfSQPADr5hSsm674QAmltpfCbwxsv-Wm5uthNVU.

54 Martin-Liao Tianchi und Ricarda Daberkow, »Mo Naneng, ›Die Giftschlange ist tot‹«, in: Martin-Liao Tianchi, *Phönixbaum. Moderne taiwanesische Lyrik*, Bochum: Projekt, 2000, S. 375.

55 Vgl. Martina Mohr, *Taiwanisches Bewußtsein. Wu Jinfa und die soziokulturelle Problematik der Ureinwohner Taiwans*, Bochum: Brockmeyer, 1994, S. 75–77.

56 Vgl. John Balcom und Yingtsih, *Indigenous Writers of Taiwan*, New York: Columbia University, 2005, S. XVIII.

57 Lai Yu-chen und Lee Hsin-Yin, »Taiwan sees population drop by 90,000 from last year«, in: *Focus Taiwan*, 11. Juli 2021, https://focustaiwan.tw/society/202107110004?fbclid=IwAR0xHPQSpDNHeMKfx0gwlXYuztTlGo7X_UF33dZnFyaLVoLLpAMASnG_8CE.

58 Vgl. Li Xiaobing, *The History of Taiwan*, Santa Barbara: Greenwood, 2019, S. 6.

59 Vgl. Matthew Strong: »Taipei to hike parental subsidy for third, second child«, in: *Taiwan News*, 29. Dezember 2021, www.taiwannews.com.tw/en/news/4392185?fbclid=IwAR2jS4ubNUFjv82lKZeC1iQU-nZYnF-BwUX4wpLCPRJ-2u8I7qxapmCo_Hcw.

60 Vgl. Emma Jinhua Teng, *Taiwan's Imagined Geography. Chinese Colonial Travel Writing and Pictures, 1683–1895*, London: Harvard University Press, 2004, S. 81.

61 K-Ming Chang, *Bestiarium*, aus dem Englischen von Stefanie Jacobs, München: Hanser, 2021, S. 176

62 Oskar Weggel, *Die Geschichte Taiwans*, Köln, Weimar, Wien: Böhlau, 1991, S. 64 f.

63 Alexander Bukh, *These Islands Are Ours*, Stanford (Kalifornien): Stanford University Press, 2020, S. 128–155; vgl. Tony Fu-lai Yu und Diana S. Kwan, *Social Construction of National Reality*, London: Lexington Books, 2020, S. 53, 149–153.

64 Jessica Lee, *Zwei Bäume machen einen Wald*, Berlin: Matthes und Seitz, 2020, S. 15.

65 Vgl. Rosa Enn, »Demokratisierung in Taiwan am Beispiel der Dao. Menschenrechtsentwicklung und Gegenwartsprobleme einer indigenen Bevölkerungsgruppe«, Magisterarbeit, Universität Wien, 2009.

66 Vgl. Simona Grano, *Environmental Governance in Taiwan*, London, New York: Routledge, 2015, S. 55.

67 Tsai Wan-shuen, 母親島 (Mutterinsel), in: 潮汐 (Gezeiten), Penghu: Penghuxian wenhuaju, 2007, S. 8–20.

68 Hung Hung, »Jueshiyue«, in: *Wennuan yu ku. jueshi shixuan* (Zart und Bitter. Eine Jazz-Poesie-Anthologie), Taipei: Dark Eyes, Ltd., 2020, S. 114–116.

69 Vgl. Chu T'ien-hsin, »The old capital«, in der gleichnamigen Anthologie, New York: Columbia University Press, 2007, S. 127.

70 Ye Mimi, »還有多黑« (Wie schwarz denn noch?), in: 越車越遠 (Mit dem Wagen immer weiter), Taibei: Garden City Publisher, 2015, S. 113.

71 Climate Change Impact, https://adapt.epa.gov.tw/eng/TCCIP-1-A/TCCIP-1-A-5_en.html.

72 Yang Mien-chieh, »Taiwan faces watery future. Greenpeace«, in: *Eye on Taiwan*, *Taipei Times*, 25. August 2020, www.taipeitimes.com/News/front/archives/2020/08/25/2003742240
www.eyeontaiwan.com/taiwan-faces-watery-future-greenpeace.

73 Keoni Everington, »Taiwan's sea levels rising faster than global average«, in: *Taiwan News*, 15. Mai 2019, www.taiwannews.com.tw/en/news/3702210.

74 Carina Rother, »Taiwans Energiewende. Streit um dem Strommix«, Deutschlandfunk Kultur, 20. Dezember 2021, https://ondemand-mp3.dradio.de/file/dradio/2021/12/20/taiwans_energiepolitik_welcher_strommix_soll_es_sein_drk_20211220_1830_72063022.mp3.

75 Chen Yu-ju, »Hintergründe des Wassermangels in Taiwan«, 29. März 2021, https://de.rti.org.tw/radio/programMessagePlayer/programId/333/id/103805.

76 Bryan Chou und Nicholas Haggerty, »How Bad Is Taiwan's Drought?«, in: *The New Lens*, 20. April 2021, https://international.thenewslens.com/article/149527, mit informativen Grafiken z.B. über den Wasserstand in den Stauseen.

77 Chao Li-yan, Hao Hsueh-chin, Su Mu-chun und Kay Liu, »Taichung preparing for water supply cuts starting Tuesday«, in: *Taiwan Focus*, 4. April 2021, https://focustaiwan.tw/business/202104040009.

78 Jessica Lee, *Zwei Bäume machen einen Wald*, Berlin: Matthes und Seitz, 2020, S. 129.

79 Cindy Sui, »Why the world should pay attention to Taiwan's drought«, in: *BBC News*, 20. April 2021, www.bbc.com/news/world-asia-56798308; Yang Jie, Stephanie Yang und Asa Fitch, »The World Relies on One Chip Maker in Taiwan, Leaving Everyone Vulnerable«, in: *The Wall Street Journal*, 19. Juni 2021, www.wsj.com/articles/the-world-relies-on-one-chip-maker-in-taiwan-leaving-everyone-vulnerable-11624075400.

80 Im Fokus: Weltwassertag: »Warum die Wasserknappheit mittlerweile unsere Zukunftstechnologien gefährdet«, 20. März 2021, www.4investors.de/nachrichten/boerse.php?sektion=stock&ID=151257.

81 https://universes.art/de/taipeh-biennale/2020.

82 Marsha Savira Agatha Putri, Chao-Hsun Lou, Mat Syai'in, Shang-Hsin Ou und Yu-Chun Wang, »Long-Term River Water Quality Trends and Pollution Source Apportionment in Taiwan«, MDPI, revised 23. August 2018, www.mdpi.com/2073-4441/10/10/1394.

83 Abschied vom Bamboo Curtain, »Zwischen Nachhaltigkeit und Gesellschaftskritik«, 25. Dezember 2021, https://de.rti.org.tw/radio/programMessagePlayer/programId/332/id/104884.

84 www.suyuhsin.net/water-sleep-II-Akaike-river-under-Xizang-Road.

85 Liang Pei-chi, Hau Hsueh-ching und Joseph Yeh, »Rain partly replenishes reservoirs; central Taiwan still dry«, in: *Focus Taiwan*, 27. April 2021, https://focustaiwan.tw/society/202104270027.

86 Chao Li-yen und Frances Huang, »Taiwan turns to sea goddess for drought relief«, in: *Focus Taiwan*, 6. März 2021, https://focustaiwan.tw/society/202103060005.

87 Tsai Wan-Shuen, 三個彎, 轉給白海豚 (Die drei Inseln. Für die weißen Delfine), in: *Off the roll poetry+*, Taipei, 12. Oktober 2010.

88 Guo Songfen, »Moon Seal«, in: Guo Songfen, *Running Mother and other stories*, New York: Columbia University Press, 2009, S. 75.

89 Lin-Gorécka Wei-Yun, 沒有人問米蒂亞快不快樂 (Niemand fragt nach Medeas Glück), S. 8–11, und Lin Wan-yu, 沉思的人 (In Gedanken versunken), S. 2–3, beide in: 媽媽+1 (Mama +1), Taipei: Dark Eye, 2018; Mani Niwei, 要不要跟你說我的生活 (Soll ich dir von meinem Leben erzählen?), in: 幫我換樂 (Hilf mir, mein Glück zu ändern), Taipei: Dark Eye, 2020, S. 58. Alle drei Gedichte aus dem Chinesischen von Alice Grünfelder.

90 Thilo Dieffenbach (Hg.), *Kriegsrecht. Neue Literatur aus Taiwan*, München: Iudicium, 2017, S. 15.

91 Victoria Jen, »In Taiwan, homeless situation worsens as income gap widens«, 23. September 2018, www.reddit.com/r/DeFranco/comments/9iaamo/in_taiwan_homeless_situation_worsens_as_income/.

92 *A Dog called Money*, www.imdb.com/title/tt8299778/.

93 Helwig Schmidt-Glintzer, *Geschichte der chinesischen Literatur. Die 3000jährige Entwicklung der poetischen, erzählenden und philosophisch-religiösen Literatur Chinas von den Anfängen bis zur Gegenwart*, München: Scherz, 1990, S. 356–361.

94 Brigitte Kölla, *Traum von Huam*, Bern: Peter Lang, 1996, S. 10.

95 Shen Kuo, *Pinsel-Unterhaltungen am Traumbach*, aus dem Altchinesischen von Konrad Herrmann, München: Diederichs, 1997, S. 239.

96 Ebenda, S. 15.

97 Das Drachenbootfest wird am fünften Tag des fünften Monats nach dem chinesischen Mondkalender zu Ehren des Beamten und Lyrikers Qu Yuan gefeiert.

98 Wu Jinfa, »Schildkröten«, aus dem Chinesischen von Anke Pieper, in: Helmut Martin und Christian Hammer, *Die Auflösung der Abteilung für Haarspalterei*, Reinbek: Rowohlt, 1991, S. 257–269.

99 Ilma Rakusa, *Mein Alphabet*, Graz: Droschl, 2019, S. 166.

100 Günter Gaus im Gespräch mit Hannah Ahrendt, 1964, www.youtube.com/watch?v=iZILhvVX_C0.

101 Kathrin Röggla, »Man kann es nur falsch machen. Die sieben Todsünden der Literatur«, in *Volltext*, 19. Februar 2021, https://volltext.net/texte/kathrin-roeggla-man-kann-es-nur-falsch-machen/.

102 Cheng Chiung-ming, *Gedanken in Weiß. Gedichte aus Taiwan*, aus dem Chinesischen von Thilo Dieffenbach, München: Iudicium, 2021, S. 89.

103 Vgl. Ma Tehyun, »Making Taiwan Chinese 1945–60«, in: *Routledge Handbook of Revolutionary China*, London, New York: Routledge, 2020, S. 202–216, hier S. 204 f.

104 Vgl. Wu Chia-rong, *Remapping the Contested Sinosphere. The Cross-Cultural Landscape and Ethnoscape of Taiwan*, New York: Cambria Press, 2020, S. 8.

105 Jun Yang, »A short-story on forgetting and remembering«, 2007, http://junyang.info/project/a-short-story/.

106 Vgl. Thilo Dieffenbach, »Junge Taiwaner während des Kriegsrechts«, Vortrag, Vienna Center for Taiwan Studies, 13. Januar 2022 (nicht online).

107 Liou Uie-liang, *Mein Onkel aus Taiwan*, Berlin: Europabuch, 2021, S. 99.

108 Ma Tehyun, »Making Taiwan Chinese 1945–60«, in: *Routledge Handbook of Revolutionary China*, S. 207.

109 Ebenda, S. 213.

110 Shu Ch'ang, »Gerüchte«, in: Thilo Dieffenbach (Hg.): *Kriegsrecht*, München: Iudicium, 2017, S. 47–61.

111 Li Xiaobing, *The History of Taiwan*, Santa Barbara: Greenwood, 2019, S. 104–107.

112 Thomas Ward, »The Comfort Women Controversy. Lessons from Taiwan«, 15. April 2018, https://apjjf.org/2018/08/Ward.html. Ward zitiert mehrfach die Soziologin Chu Te-lan.

113 Julia Weiss, »Bezirksverordnete von Mitte stimmen für Verbleib der Friedensstatue, in: *Tagesspiegel*, 4. Dezember 2020, www.tagesspiegel.de/berlin/kontroverse-um-die-trostfrau-in-berlin-bezirksverordnete-von-mitte-stimmen-fuer-verbleib-der-friedensstatue/26685750.html.

114 Yeh Ying-tzu: »Die Straße« in Thilo Dieffenbach (Hg.): *Kriegsrecht*. München: Iudicium, 2017, S. 320–327, hier S. 326.

115 Blaise Cendrars und Kurt Drawert, *Reisen im Rückwärtsgang. Zwei Dichter unterwegs mit der Transsibirischen Eisenbahn*, Zürich: Arche, 2001, S. 18.

116 Cheng Chiung-ming, »Ich bin ein Gedankenvogel«, in: ders., *Gedanken in Weiß. Gedichte aus Taiwan*, aus dem Chinesischen von Thilo Dieffenbach, München: Iudicium, 2021, S. 33.

117 Eliot Weinberger, *Das Wesentliche*, Berlin: Berenberg, 2008. S. 50.

118 Li Xiaobing, *The History of Taiwan*, Santa Barbara: Greenwood Publishing, 2019, S. 138.

119 Vgl. National Human Rights Museum, »Menschenrechte. Ein beschwerlicher Weg«, 25. September 2021, www.youtube.com/watch?v=o2umK_upVwk.

120 Emma Jinhua Teng, *Taiwan's Imagined Geography. Chinese Colonial Travel Writing and Pictures, 1683–1895*, Harvard University Press, London 2004, S. 275.

121 »Volcanic conduit discovered under Yangmingshan park«, in: *Focus Taiwan*, 14. Juli 2020, hrrps://focustaiwan.tw/scitech/202007140023.

122 Ma Tehyun, »Making Taiwan Chinese 1945–60«, in: Routledge Handbook of Revolutionary China, London, New York: Routledge, 2020, S. 202–216, hier S. 208.

123 »Umbau der CKS-Gedenkhalle mit Fokus auf neue Werte«, 8. September 2021, https://de.rti.org.tw/news/view/id/2004373?fbclid=IwAR1mmsFVOWD-YyRoImiMm-8BYahpgxZ9FW9kbtOo7To7WJv6yV9T61WYuBM#.YTi_Ww.

124 Sarah Laimer, »Chiang Kai-sheks umstrittenes Vermächtnis«, 13. Dezember 2020, https://dasreispapier.at/tag/sarah-laimer/.

125 Vgl. Steven Phillips, »Between Assimilation and Independence. Taiwan Political Aspirations Under Nationalist Chinese Rule, 1945–1948«, in: Murray Rubinstein, *Taiwan, a New History*, London, New York: Routledge, 2007, S. 275–319, hier 293.

126 Stephan Thome, *Pflaumenregen*, Berlin: Suhrkamp, 2021, S. 199.

127 Phillips, »Between Assimilation and Independence«, S. 284–293.

128 Vgl. Jeffrey Hays, »Organized Crime in Taiwan«, 2008, überarbeitet 2015, https://factsanddetails.com/southeast-asia/Taiwan/sub5_1c/entry-3829.html.

129 Li Xiaobing, *The History of Taiwan*, Santa Barbara: Greenwood, 2019, S. 112.

130 Vgl. Fu-lai Tony Yu und Diana S. Kwan, *Social Construction of National Reality. Taiwan, Tibet and Hongkong*, London: Lexington Books, 2020, S. 58.

131 Ma Tehyun, »Making Taiwan Chinese 1945–60«, in: *Routledge Handbook of Revolutionary China*, London, New York: Routledge, 2020, S. 202–216, hier S. 205 f.

132 Shawna Yang Ryan, *Green Island*, New York: Penguin, 2016, S. 29.

133 Werner Herzog, *Gehen im Eis*, München: Hanser, 1974.

134 Chu T'ien-hsin, »The old capital«, in der gleichnamigen Anthologie, New York: Columbia University Press, 2007.

135 Valeska Bertoncini, »Ekstasen der Tatsachen. Hans Jürgen von der Wenses Warnemünder Wetterbücher«, in: *Wespennest*, 176/2019, S. 45–53, hier S. 50.

Literatur zu Taiwan

Bücher, die für die Arbeit an diesem Buch bedeutsam waren und die ich für empfehlenswert halte, sind hier aufgelistet. Internetseiten werden genannt, die jeweils über aktuelle Geschehnisse in Taiwan berichten. Seiten und Artikel, auf die zu speziellen Themen verwiesen wird, sind in den Anmerkungen genannt.

Chen Yu-hui, *Die Insel der Göttin*, München: Frühling, 2008

Cheng Chiung-ming, *Gedanken in Weiß. Gedichte aus Taiwan*, aus dem Chinesischen von Thilo Dieffenbach, München: Iudicium, 2019

Chu T'ien-hsin, »The old capital«, in der gleichnamigen Anthologie, New York: Columbia University Press, 2007

Cole, Michael, »Civic activism and protests in Taiwan. Why size doesn't always matter«, in: Dafydd Fell, *Taiwan's Social Movements under Ma Ying-jeou*, London, New York: Routledge, 2017, S. 18–33

Croissant, Aurel, »Taiwans Demokratie im internationalen Vergleich«, in: Deutsch-Chinesische Gesellschaft (Hg.), *Taiwan in Bewegung*, Berlin: Deutsch-Chinesische Gesellschaft a. V., 2014, S. 32–39

Dieffenbach, Thilo (Hg.), *Kriegsrecht. Neue Literatur aus Taiwan*, München: Iudicium, 2017

Fell, Dafydd, *Taiwan's Social Movements under Ma Ying-jeou*, London, New York: Routledge, 2017

Hsu An-Nie (Hg.), *Von Wahrsagern und Technofrauen*, Bochum: Projektverlag, 2021

Grano, Simona, *Environmental Governance in Taiwan. A New generation of activists and stakeholders*, London, New York: Routledge, 2015

Guo Songfen, *Running Mother and other stories*, New York: Columbia University Press, 2009

Lee, Jessica, *Zwei Bäume machen einen Wald*, Berlin: Matthes und Seitz, 2020

Li Ang, *Gattenmord*, Köln: Diederichs, 1987

Ders., *Sieben Geister*, Bad Honnef: Horlemann, 2007

Li Xiaobing, *The History of Taiwan*, Santa Barbara: Greenwood, 2019

Ma Tehyun, »Making Taiwan Chinese 1945–60«, in: *Routledge Handbook of Revolutionary China*, London, New York: Routledge, 2020, S. 202–216

Martin, Helmut, *Blick übers Meer. Chinesische Erzählungen aus Taiwan*, Frankfurt am Main: Suhrkamp, 1991

Martin-Liao, Tianchi, und Ricarda Daberkow, *Phönixbaum. Moderne taiwanesische Lyrik*, Bochum: Projekt, 2000

Rubinstein, Murray, *Taiwan. A New History*, London, New York: Routledge, 2007

Ryan, Shawna Yang, *Green Island*, New York: Knopf, 2016

Schneider, Lea, *Made in China*, Berlin: Verlagshaus Braun, 2020

Stockton, Hans und Yeh Yao-yuan, *Taiwan. Development of an Asian Tiger*, London: Lynne, 2020

Teng, Emma Jinhua, *Taiwan's Imagined Geograph. Chinese Colonial Travel Writing and Pictures, 1683–1895*, London: Harvard University Press, 2004

Thome, Stephan, *Gebrauchsanweisung für Taiwan*, München: Piper, 2021

Ders., *Pflaumenregen*, Roman, Berlin: Suhrkamp, 2021

Weinberger, Eliot, *Das Wesentliche*, Berlin: Berenberg, 2008

Weggel, Oskar, *Die Geschichte Taiwans*, Köln, Weimar, Wien: Böhlau, 1991

Wu Ming-yii, *Der Mann mit den Facettenaugen*, aus dem Chinesischen von Johannes Fiederling, Berlin: Matthes und Seitz, 2022

Wu Zhuoli, *Orphan of Asia*, New York: Columbia University Press, 2008

Yang Mu, *Die Spinne, das Silberfischchen und ich*, München: A1, 2013

Yu, Fu-lai Tony, und Diana S. Kwan, *Social Construction of National Reality. Taiwan, Tibet and Hongkong*, London: Lexington Books, 2020

Yun Pei-yun und Chou Chien-hsin, *Laize qingshui de haizu*, 來自清水的孩子, (engl.: *Son of Formosa*), Taipei: Slowork, 2020 (erscheint 2023 bei Baobao auf Deutsch)

Empfehlenswerte Internetseiten

Bardenhagen, Klaus: https://weltreporter.net/author/Klaus_Bardenhagen/ (deutsch)

Hioe, Brian: www.newbloommag.net (englisch)

Mirror Media: www.mirrormedia.mg/ (chinesisch)

Taiwan Focus: https://focustaiwan.tw/ (englisch)

Taiwan News: www.taiwannews.com.tw/en (englisch)

Chronik

16. Jh. Europäische Seefahrer entdecken Taiwan. Die Portugiesen nennen die Insel »Ilha Formosa«.

1624 Die niederländische Ostindien-Kompanie errichtet einen Handelsposten im Süden Taiwans, rekrutiert Arbeiter aus Südchina, um Reis und Zuckerrohr anzubauen.

1626 Spanier errichten Handelsposten im Norden Taiwans, werden aber 1642 von den Niederländern verdrängt.

1662 Ming-Loyalisten unter Koxinga vertreiben die Niederländer und übernehmen die Insel.

1683 Die Qing-Dynastie regiert über den Westen und Norden Taiwans; 1684 erhält Taiwan den Status einer Präfektur Fujians.

1886 Taiwan erhält formal den Status einer Provinz Chinas.

1895 China verliert im ersten Krieg gegen Japan (1894/95) und muss aufgrund des Vertrags von Shimonoseki Taiwan an Japan abtreten.

1935 Großes Erdbeben in Taichung

1945 Taiwan fällt an China.

1947 Am 1. Januar wird die neue Verfassung verkündet, die am 1. Dezember in Kraft tritt. Am 28. Februar kommt es zum Aufstand.

1949 Die Regierung der Republik China kapituliert und flieht nach Taiwan. Am 1. Oktober 1949 ruft Mao Zedong in Peking die Volksrepublik China aus. Taiwan steht fortan unter Kriegsrecht (bis 1987).

1971 Taiwan tritt aus der UNO aus, da die Volksrepublik China den Alleinvertretungsanspruch über China fordert.

1987 Aufhebung des Kriegsrechts, schrittweise Demokratisierung des Landes, direkter Austausch mit der Volksrepublik China, Verwandtenbesuche erstmals wieder möglich

1990 Die Bürgerrechtsbewegung Wilde Lilien fordert in einer sechstägigen Demonstration mehr Mitspracherechte, die Direktwahl des Präsidenten, neue Volkswahlen für alle Vertreter der Nationalversammlung.

1996 Lee Teng-hui, der erste auf Taiwan geborene Präsident, wird in einer Direktwahl Präsident.

1999 Schweres Erdbeben in Jiji, Zentraltaiwan

2000 Chen Shui-bian von der Democratic Progressiv Party (DPP) wird zum Präsidenten gewählt; damit wird die mehr als fünfzig Jahre dauernde Herrschaft der Kuomintang (KMT) beendet.

2008 Ma Ying-jeou (KMT) wird Präsident. Die Bewegung Wilde Erdbeeren protestiert gegen die starke Annäherung an China.

2014 Die Sonnenblumen-Bewegung besetzt das Parlament als Protest gegen die Ratifizierung eines Abkommens mit China.

2016 Tsai Ing-wen (DPP) wird als Präsidentin gewählt und führt umfassende Reformen durch.

Dank

Mein besonderer Dank geht an Emily Chuang Chin-chung, ohne die ich Taiwan nie so hätte verstehen können, wie ich meine, es ein wenig verstanden zu haben; an meine beiden Mitbewohnerinnen Yen-fang und Mei-heng, ohne die ich den Alltag in einer Stadt wie Taipei nicht begriffen hätte; an Serena Chang und ihre Geduld mit mir, wenn ich hartnäckig und immer wieder nachfragte. Danken möchte ich auch all den Frauen, die sich offen meinen Fragen gestellt haben, allen voran Laura und Keja. Beim Drachenbootteam von Sanjiaodu möchte ich mich dafür bedanken, dass sie mir die Feinheiten des Paddelschlags gezeigt und mich überhaupt in ihr Team aufgenommen haben. Mein Dank geht auch an Pro Helvetia und die Teilnehmerinnen und Teilnehmer des Projekts »Schreibraum«.

Schließlich bestärkten mich Samuel Herzog und der Lyriker Hung Hung, ein Buch über Taiwan zu schreiben. Maike Frie verhalf mir zu der Zuversicht, dass meine Texte über Taiwan lesenswert sein könnten, und Christiane Schmidt danke ich für ihr umsichtiges Lektorat. Der Rapper QT8 gab mir Hinweise zum Text über Qu Yuan, wofür ich ihm danke. Bei Rainer Kehrt bedanke ich mich für seine selbstlose Unterstützung in dieser nicht ganz einfachen Zeit.

Über die Autorin

Foto: Mine Dal

Alice Grünfelder, 1964 im Schwarzwald geboren, hat Buchhändlerin gelernt, Sinologie und Germanistik in Berlin und in Chengdu (China) als DAAD-Stipendiatin studiert, als Lektorin und Übersetzerin gearbeitet und als Studienreiseleiterin in Asien. Sie hat zahlreiche literarische und essayistische Kurztexte in verschiedenen Medien, unter anderem im *Wespennest*, veröffentlicht und Bücher über fernöstliche Länder herausgegeben. Zuletzt erschienen von ihr der Essay *Wird unser Mut langen?* (2019) und der Roman *Die Wüstengängerin* (2018). Neben anderen Auszeichnungen bekam sie 2019 das Werkjahr der Stadt Zürich zugesprochen.

Chinesisches Meer
Tamsui
Beitou
Tamsui
Yang
Natic
TAIPE
Taoyuan
Xindi
Shimen